湖北省公益学术著作出版专项资金
Hubei Special Funds for Academic and Public-interest Publications

楚脉千秋

讲历史，但不是历史书；讲故事，却并非故事汇。
讲诚信，讲智慧，讲创新；更讲爱国，讲情操，讲和谐。

華中師範大学出版社

新出图证(鄂)字 10 号
图书在版编目(CIP)数据

楚脉千秋/刘玉堂主编.—武汉:华中师范大学出版社,2020.8(2025.10 重印)
ISBN 978-7-5622-9115-2

Ⅰ.①楚… Ⅱ.①刘… Ⅲ.①楚文化—研究 Ⅳ.①K224.03

中国版本图书馆 CIP 数据核字(2020)第 162817 号

楚 脉 千 秋

策 划 人:冯会平　　**责任编辑**:张怀东
责任校对:肖绪旭　　**封面设计**:罗明波
编辑室:学术出版分社　　**电话**:027-67863280/3220
出版发行:华中师范大学出版社有限责任公司
社址:湖北省武汉市洪山区珞喻路 152 号
电话:027-67863426(发行部)　　**传真**:027-67863291
网址:http://press.ccnu.edu.cn　　**电子邮箱**:press@mail.ccnu.edu.cn
印刷:湖北恒泰印务有限公司　　**督印**:刘　敏
开本:787mm×980mm　1/16　　**印张**:10.75
字数:120 千字
版次:2020 年 8 月第 1 版　　**印次**:2025 年 10 月第 14 次印刷
定价:53.00 元

欢迎上网查询、购书

目　录

导　言

楚文化是公元前 11 世纪末至公元前 3 世纪末，长江中游地区一个诸侯国——楚国人民在长期的生活生产实践中创造、传承并发展的文化。楚文化的源头有南北两支，南支为江汉三苗遗裔所拥有的楚蛮文化，清奇如穿三峡而出的长江；北支为中原季连部落所携带的华夏文化，雄浑如触砥柱而下的黄河。二者碰撞砥砺、交融互摄，惊采绝艳的楚文化傲然卓立。

楚文化是古老的，它的青春和迟暮都在两三千年以前，因而成为周代荆楚地域的主体文化；楚文化也是长青的，它是秦汉以后荆湘文化特别是湖北文化的源头和主干；楚文化还是时新的，人们有幸同它相识还不过百年光景。

楚文化的遗存埋没在地下达两三千年之久，直到 20 世纪初才被盗墓者惊起，许多战国时代的楚文物才得以重见天日。其中有不少铜器和漆器，工艺精绝，风格独特，令史学家和古董商诧异不止。但这对楚文化而言还只是“小荷才露尖尖角”，人们一时还很难认清它的意态风神。从 20 世纪 50 年代起，楚文化的遗存一批又一批地被考古学家唤醒，给文化界带来一波又一波的狂喜。“惊起却回首”，人们重新审视哲学史上的《老》《庄》和文学史上的《庄》

《骚》[1]，彻然大悟，原来它们也都是楚文化的精华。

寻绎楚文化的演进轨迹，大致经历了滥觞、茁长、鼎盛、滞缓、转化五个时期，虽说每个时期长短不一，但其特征之鲜明则有如春花秋月。

楚文化的滥觞期，始自西周早期楚国始封之时，迄于两周之交楚国将盛之际，历时近三个世纪。

立国之初的楚人，还徜徉于原始社会之中。对此，《左传》是这样记载的："昔我先王熊绎，辟在荆山。筚路蓝缕，以处草莽。跋涉山川，以事天子。唯是桃弧、棘矢，以供御王事。"周王封给熊绎一块蛮荒之地，熊绎则要对周王尽守燎以祭天、贡苞茅以缩酒及献桃弧棘矢以禳灾的职分。初创时期楚人生存状态之窘迫、社会地位之卑微，言之令人唇寒齿冷。

从新石器时代以来，豫西南和鄂西北就是黄河、长江两大流域古代文明交相切劘之区。熊绎之时的楚都丹阳，恰好位于毗连豫西南的鄂西北，这种纵跨南北的地理位置，成为楚人得以兼采华夏和蛮夷之长的天然优势。

楚人立国之君熊绎五传至熊渠。熊渠近交远攻，奏响了吸收蛮夷文化的序曲。熊渠大举讨伐的，主要是属于扬越族的鄂。此鄂即东鄂，位于今湖北鄂州、黄石一带，与位于今湖北随州、京山以至河南南阳的西鄂并世而立。在东鄂南面不远处的今大冶铜绿山及其周边地区，有一个巨大的红铜生产基地。红铜是当时的头等战略物资，熊渠正是在红铜的巨大诱惑之下，才不惮劳师远征。

由于华夏文化与蛮夷文化的交融，滥觞期的楚文化才在考古遗迹上依稀显露出某些自身的特色。这个时期的楚文化遗存，主要分布于今沮漳河的中游和下游。

---

① 《老》《庄》《骚》，分别指《老子》《庄子》《离骚》。

楚文化的茁长期，约在春秋早期中叶至春秋晚期中叶。

一个民族能否另辟蹊径，创造出风采卓异的文化来，取决于他们能否矢志不渝地追求文化的独创性，亦即历史的独创性。对于楚国来说，是恪守诸夏的发展模式，抑或是探索自己的前进道路，是至关紧要之事。假若楚国甘心步诸夏的后尘，那么，在强邻四逼、列侯纷争的时世里，势难逃脱夭折的厄运。幸而楚人独行其是，化险为夷，甚至在许多方面有出蓝之举，创造了先秦史上的奇迹之一。楚人在历史转折关头所显示的独创精神，是楚文化茁长的基因。

楚武王时，楚人把东线作为主攻方向，而汉阳诸姬之首——随国（曾国），便成为楚人东进的主要障碍。武王末年，楚国大举伐随，迫使随国和它订立了城下之盟。自楚成王三十二年（前 640 年）始，随国就成为楚国的附庸了。至于百濮、群蛮、百越，无一例外被楚国各个击破。

为了占据理想的发展平台，楚文王将都城从南漳、保康一带的荆山谷地迁至今宜城南部的汉水与蛮河之间，改丹阳之名为郢。此地是肥沃的冲积平原，而更加重要的是它处在南来北往、东去西还的枢纽上，南瞰江汉平原，北望南襄夹道，东临随枣走廊，西控荆睢山地，是江淮之间的要冲，汉水中游的重镇。楚国以郢为都，无论是制驭蛮、越、巴、濮，还是抚绥汉阳诸国，乃至窥伺中原诸夏，都策应自如。

楚人在政治上结夷夏为一体的进程，也是它在文化上熔夷夏为一炉的进程。楚文化的一切重大成就，都是师夷夏之长技而力求创新的结果。

从中原南下的楚人进入江汉平原之后，受到土著楚蛮的影响，文化面貌发生了显而易见的变化。根据考古资料提供的信息，这个变化首先体现在陶器上，其中以陶鬲最为醒目。西周晚期，自中原而来的楚人为了适应楚蛮占多数和稻米为主食的环境，与楚蛮一起把带有诸夏文化特征的红陶锥足罐形鼎略加改造，做成一种新式陶鬲——楚式鬲。毋庸讳言，楚式鬲是中原华夏文化与江汉楚蛮文化高度融合的一个范例。

在广泛吸收和综合利用南北农业文化精华的基础上，楚人将楚蛮、扬越和淮夷的家族性或邻里性的小型单一性农田水利作业加以改进提高，创建了集蓄灌排于一体的大型综合性农田水利工程。

而最为楚人引以为荣的，莫过于得扬越和华夏的青铜冶铸技术而兼之。

中原的青铜时代，大约始于夏代晚期。历经商代和西周，下至春秋早期，楚人的青铜冶铸技术主要是师法中原。近年来，在湖北随州、京山、枣阳、当阳以及河南新野等地，出土了一批西周早期至春秋早期的铜器，不仅形制和纹饰都一如中原，而且数量和质量都超过了现已发现的楚国同期铜器。岂止是不及中原，春秋早期以前，在青铜冶铸方面，楚人甚至屈居越人之后。

楚国的青铜冶铸业发轫于熊渠之时，熊渠一度进兵到包括铜绿山在内的东鄂之地，打开了原料的来源，楚国青铜冶铸业才获得了初步发展的机缘。然而，楚国青铜冶铸业的突飞猛进，却始自春秋中期的楚成王之世。成王奋武、文二世威服汉阳诸姬之余烈，北收弦、黄，控制了大别山南北的通道，铜绿山才真正成为楚国的囊中之物。

楚人占领铜绿山以后，把扬越的冶炼技术和中原的铸造技术结合起来，生产出大量优质的青铜器，并在铸造工艺方面超过了诸夏。当时楚国不仅普及了中原大约在春秋中期推广的分铸、焊合技术，而且创造了中原尚无先例的失蜡法或漏铅法铸造工艺；不仅镶嵌红铜工艺的采用不晚于中原，而且镶嵌黑漆工艺的采用更是开风气之先。

对待先进文化，楚人向来不抱偏见，他们满腔热忱地引进、改造，以求为我所用。这时的楚人，对自己的未来充满信心。在铸造青铜器的时候，他们的原则主要是创造而不是模仿，他们所刻意追求的，是根据自己的传统，按照自己的审美情趣，表现自己的风格和气派，由此，楚国的青铜器卓然自成一家了。外求诸人以博采众长，内求诸己而独创一格，这是楚国青铜器发展的道路，大而言之，也是楚文化发展的道路。

不只是青铜冶铸，楚国的典章制度和楚人的风俗习惯，也都介乎夷夏之间。

楚君本称敖，这与诸夏和蛮夷都不同。楚君称王，始于自号为武王的熊通。

楚国的官制，从形式上看，与诸夏同少异多。如以尹名官虽始于商朝，但楚国以尹名官应是向周朝学来的。然而，楚官普遍称尹，则是楚人求独立、求尊严的表现。

县，虽是周朝原有的，但真正作为行政区域的县则始见于楚国。

楚师的主帅称莫敖，后来也设了大司马、左司马、右司马之类。楚人偶尔也征用没有严格建制和没有严密阵法的蛮人入伍。楚国兵制方面的这些特点，都是因夷夏结合而形成。

在封爵、食邑、礼法等方面，春秋时代的楚制也各具特色。例如：在王与士之间的大夫等级中，没有明确的阶层；有官而无爵；封邑一般传袭不过三世；丧葬列鼎大多为偶数，与诸夏的奇数恰好相反。

在精神文化方面，楚人向华夏学来的，首先是语言文字。据文献记载，无论是折冲樽俎时的唇枪舌剑，还是两军对垒时的彼此问答，楚人都没有借助于翻译。看来许多楚人应通夏言，至少楚国贵族是如此。而从相关文献记载来看，楚人应有不同于夏言的本民族语言。至于文字，则是流行于中原而为周代各国各族通用的文字——夏文。

春秋中晚期，楚国的音乐艺术已有初步发展。淅川下寺出土青铜编钟52件，其全部乐音系列可以奏出七声或六声的音阶。

茁长期的楚文化，从鄂西传播到鄂中，从汉西汉南传播到汉东汉北，从江北传播到江南，从淮水上游传播到淮水中下游，从长江中游传播到长江下游，几有席卷江淮之势。仅就江淮地区而言，楚文化如春风化雨，从其浸润之广，不难想见其蕴蓄之深。

楚文化的鼎盛时期始于楚昭王迁都于郢，止于楚顷襄王十一年秦人白起拔郢，长达两个世纪有余。

楚昭王十一年（前505年），吴师离楚。次年，吴又大举伐楚，楚恐吴师再度入郢，迁都至都，而仍称郢。在楚昭王十三年至二十四年（前503—前492）之间，楚都又南迁到今湖北江陵纪南城，依然称郢，从出土文献来看或称栽郢。昭王九传至顷襄王，顷襄王二十一年（前278年），秦将白起攻陷郢都，楚都东迁。楚国以纪南城为首都，长达220年左右。可以说，纪南城的兴衰，标志着楚文化鼎盛期的始终。

这个时期楚国的变化是空前的，可谓经济昌盛，文赋纷华。铜器生产登峰造极的发展，促进了铁器的改进和推广。其他各行各业，如丝织、刺绣、髹漆和城市建设等，也生机盎然。经济结构上，封建领主制的普及与家务奴隶制的延伸并行不悖。政治体制方面，则有断断续续的革故鼎新：旧有的县化大为小，已在全国普设；新设的郡在县之上，而仅限于边陲；官职日多，爵秩渐繁；封君的权势大致与先前的县公相当，其财富却非县公所能比拟。精神文化方面的成就异常突出：老子、庄子、屈子等文化巨星相继升起，熠熠生辉，《老子》《庄子》代表着楚国的哲学，《庄子》《离骚》代表着楚国的文学，它们已跻身于全中国乃至全世界的哲学宝库和文学宝库。先秦的帛画迄今只发现过两幅，都是楚国的，分别于 1949 年和 1973 年出土于湖南长沙，前者为人物龙凤帛画，后者为人物御龙帛画，庶几可称为当今所谓国画的先驱，一经发现，举世震惊。1978 年出土的曾侯乙编钟，更是以其壮美的阵容和高超的性能令全世界叹为观止。

在鼎盛期的楚文化遗存中，有一种造型卓异的木雕，今称虎坐立凤。此凤两肋有鹿角，通体饰彩纹，昂其首，展其翅，双足立于虎背，虎躯体微小而性情驯顺。这种木雕集壮、美、奇于一身，是已迁于乔木的凤，可视之为楚王国和楚文化鼎盛期的象征。

楚文化的滞缓期相对较短，只经历了 50 多个年轮。

楚都迁陈（今河南淮阳）之后，国势江河日下，及至迁于寿春（今安徽寿县），已是日薄西山了。楚顷襄王四传至负刍，约历半个世纪，这是楚文化的滞缓期。

楚国将亡之时，它的文化早已超越其国界而传向远方。江西、广东、广西等地楚文物的出土，表明楚文化从湘江流域到赣江流域，从岭北到岭南，已深入百越地区。同时，楚文化溯江而上，已逾巴至蜀。楚人庄蹻率兵入滇，滇楚之间也不无人文相通之处。

从负刍五年（前 223 年）秦灭楚起，到汉武帝前期止，历一个世纪有余，这是楚文化向汉文化转化期。

秦灭楚后，楚文化进入了转化期。秦朝求统一心切，对楚文化采取排斥态度。

不过，秦朝对楚文化也并非一概摒弃。李斯《谏逐客书》指出的“所以饰后宫、充下陈、娱心意、悦耳目者”，正是秦朝所要从楚国和关东其他各国的文化中接受的。

楚人把半壁河山丢给了秦人，然而，曾几何时，他们却从秦人手里夺来了一统天下，建立了汉朝。秦末农民起义的主力是楚人，他们愤于秦朝对楚文化的恣意摧残，掀起了复楚文化之古的狂潮。

设官多从楚制，置历一仍楚法，色尚和坐向悉遵楚俗。然而，楚人毕竟不是秦人，他们对异国甚至异族的文化从来都是兼收并蓄的。汉朝的行政区域和文武百官，多近承秦制，秦末起义的楚人所用的楚式官名，也大半废弃。

西汉前期，统治者有鉴于秦朝实行学术专制的覆辙，采取了相当宽松的文化政策。自从汉武帝采纳董仲舒的建议，独尊儒术，文化政策才变得僵化了。太初元年（前 104 年），汉武帝改历法，以正月为岁首；定服色，以黄为上。正是从这时起，自成体系的楚文化销声匿迹了。当然，这并非意味着楚文化的个性从此消失亡佚，实际情况是，楚文化和其他区域文化一起，已转化成为全国的共性凌驾于区域的个性之上的汉文化。楚文化的某些个性，已成为汉文化乃至中华文化的一些共性。

楚人在八百年的漫长岁月中，不仅创造了炉火纯青的青铜冶铸、精彩绝伦的丝织刺绣和巧夺天工的竹木髹漆等物质文明成果，而且创造了义理精深的老庄哲学、惊采绝艳的屈宋文学和恢诡谲怪的美术乐舞等精神文明成果，楚文化对中华文化的贡献，足以令世人瞩目。

“屈平辞赋悬日月，楚王台榭空山丘。”“原来姹紫嫣红开遍”的楚文化，“风流总被雨打风吹去”，但深蕴其中的筚路蓝缕的进取精神、大象无形的开放气度、一鸣惊人的创新意识、上善若水的和谐理念、九死未悔的爱国情怀和一诺千金的诚信品格，宛如生生不已的文脉、血脉和根脉。其文脉贯注于文化创造中，血脉激活于生命智慧里，根脉滋长于公序良俗间，历千年而不竭，亘万古而常新，感召和砥砺着一代又一代的荆楚儿女乃至中华儿女攻坚克难、奋勇前行！

一

筚路蓝缕的进取精神

在中国古代历史上，有这样一个国家：立国之时，它还是一个地辟民贫的蕞尔小邦，“土不过同”，即方圆面积只有区区五十里。然而，不到几百年，它的疆域已囊括半个中国，成为“地方五千里”的东方第一大国。立国之时，它的国君因为爵卑位低，以至于在周天子举行的诸侯盟会仪式上无缘参与正式大典，只能站在一旁默默看守祭天的火堆。但是数百年之后，其国君居然问鼎周室，饮马黄河，睥睨诸侯，雄霸天下。

是谁能够主演如此一曲跌宕起伏、荡气回肠的史诗般巨剧呢?它就是在春秋战国时期声势烜赫、盛极一时的楚国。

南宋年间，诗人陆游写有《哀郢二首》诗篇，其中有“远接商周祚最长，北盟齐晋势争强”的诗句，对楚国的赞赏之情溢于言表。的确，在春秋战国时期众多的诸侯国中，楚国的历史是最长的，若从周初立国算起，至公元前 223 年亡于秦为止，历时 800 余年。

楚国不惟立国历史最长，而且在其漫长的发展过程中，还创造了高度发达且风格独特的地域文化，不仅与中原文化竞趋争先，而且在很多方面已达到能与古希腊文化比肩而立的高度。

楚国的崛起在中华文明史上具有重要意义。楚文化对长江流域以至整个南方地区的古代文明产生过持久而深远的影响，是中华传统文化重要的组成部分，在缔造和发展统一的中华民族的过程中，有着举足轻重的地位。

“问渠那得清如许？为有源头活水来。”在春秋战国群雄并起的宏大历史舞台上，楚国能由弱变强，狂飙突进，傲视群雄，与楚人筚路蓝缕的进取精神密不可分。

（一）南北会融

气候湿润，水源充足，物产丰富，使得远古荆楚成为人类理想的栖息之地。现有的考古发现表明，早在200多万年前，远古先民就在这块沃土上生息、劳作和繁衍，创造了人类早期文化。

经过考古调查和发掘的“人猿相揖别”的旧石器时代遗址，在今湖北郧阳、郧西、房县、丹江口、江陵、长阳、五峰、建始、宜都、枝江、大冶等县市区及神农架、襄阳、咸宁、武汉等地都有发现，初步统计达200处以上，其中最有代表性的遗址有大冶石龙头和江陵鸡公山，重要的古人类遗存有建始人、郧县猿人、郧县人、长阳人遗址。这些遗存涵盖旧石器早、中、

郧县人1号头骨化石

晚三个不同发展阶段，序列较为完整和清晰，对于研究人类的起源及演化具有重要意义。

尤其是江陵鸡公山遗址的发现非同小可，该遗址的上限距今约5万年，下限距今约1万年，延续时间之长姑且不论，让人称奇的是，先前所发现的旧石器文化遗址大抵在洞穴内，唯有江陵鸡公山旧石器文化遗址却在弥迤平原和汪茫水乡中。我们可以推测，江陵鸡公山旧石器文化的主人，只要没有因遭遇特别严重的天灾人祸而灭绝，即使不是现代湖北人的远祖，也会在现代中国人的远祖之列。

郧县人2号头骨化石

江陵鸡公山遗址

在“只几个石头磨过的”新石器时代，江汉地区的土著是三苗。据《战国策》记载：“三苗之居，左彭蠡之波，右洞庭之水，文山在其南，而衡山在其北。”尽管关于文山和衡山的地望古今学者多所稽考而莫衷一是，但对于江汉地区曾为三苗腹地，则是学术界比较一致的见解。

江汉地区新石器时代文化的发展谱系相对完整：年代最早的是城背溪文化，继之大溪文化兴起，其后是屈家岭文化和石家河文化勃兴。屈家岭文化是我国长江中游地区发现最早、最具代表性的大型石器时代聚落遗址，也是长江中游地区第一个以遗址发现地命名的新石器时代文化；继屈家岭文化之后发展起来的石家河文化，代表了长江中游地区史前文化的最高水平，成为探索中华文明起源的一个重要标本，具有不容低估的学术和艺术价值。当我们看到天门石家河遗址出土的玉雕人头像时，仿佛在不期中邂逅了自己的祖先，几乎忍不住要向他们嘘寒问暖。这些玉雕人头像或多或少做过变形处理，但都有性格、

大溪文化陶支座

石家河文化陶杯

有气韵。当我们看到这个遗址出土的近乎成群结队的惟妙惟肖的陶塑动物时，仿佛发现了自己的祖先把纯真的童趣贯注在了精熟的技艺之中，不禁叹绝。当我们看到这个遗址出土的玉雕凤和玉雕龙时，又不禁为自己祖先神秘而美丽的信仰遐想联翩。

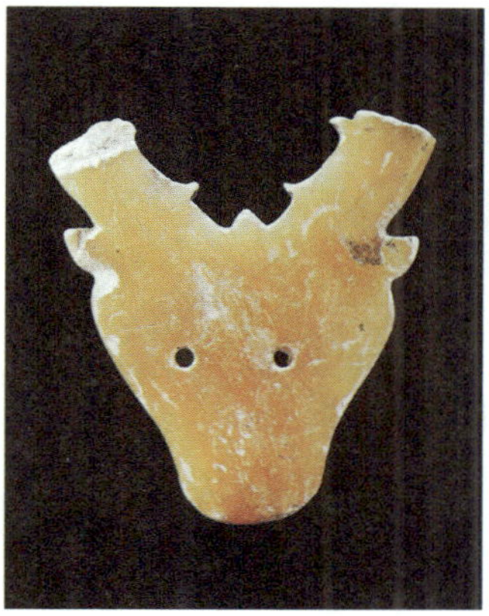

石家河文化玉雕鹿

石家河文化陶塑动物群

石家河文化玉雕龙

石家河文化玉雕凤

江汉地区新石器时代先后诞生的大溪文化、屈家岭文化和石家河文化，庶几可以视作三苗部落的文化遗迹。

“太阳人”石刻

目前，学术界关于文明起源要素的讨论虽众说纷纭，但至少需要具备城市、文字、冶金和礼仪性建筑等要素则是比较一致的看法。结合考古材料，我们完全可以认定，新石器时代，在江汉平原的地平线上，文明的曙光已隐约可见。

先看城市，已经发现 10 余座新石器时期的城址，分别位处长江、汉水两岸的江陵、石首、公安、沙洋、天门、京山、应城、孝南等地，时代跨度在屈家岭文化晚期至石家河文化时期。

再看冶金，据新近的考古发现透漏的信息，天门石家河遗址已发现冶金铸造的痕迹。

最后看礼仪，江汉先民自然崇拜的遗迹已然出现。1998 年在秭归东门头城背溪文化遗址出土一件“太阳人”石刻，吸引了众多关注的目光。在远古先民心目中，太阳是神圣而伟大的，崇拜太阳并用图形予以表达，是远古人对太阳崇拜之情的自然流露。“太阳人”石刻是目前我国境内发现最早的一件新石器时代太阳图腾崇拜的实物，为研究原始社会后期宗教、艺术、文化和社会经济状况提供了至为珍贵的线索。

纵观以江汉地区为中心的荆楚地区史前文明的发展轨迹，从建始人、郧县人到长阳人，从城背溪文化、大溪文化、屈家岭文化到石家河文化，从旧石器时代到新石器时代，从混沌蒙昧到开化文明，这里自古就是人类繁衍生息的一方热土。远古荆楚先民一直在这方土地上开辟草莱，生生不息，创造了原始质朴的远古文明，为光彩夺目的荆楚文化涂上了厚重的底色。而三苗部落对江汉地区的早期开发，则为此后立国于斯的楚国奠定了基石。夏商之际，三苗的遗裔被称作楚蛮，就是此后楚国土著的先民。

据文献记载，楚人是祝融的后裔。关于楚人的早期世系，司马迁在《史记》中是这样追述的：

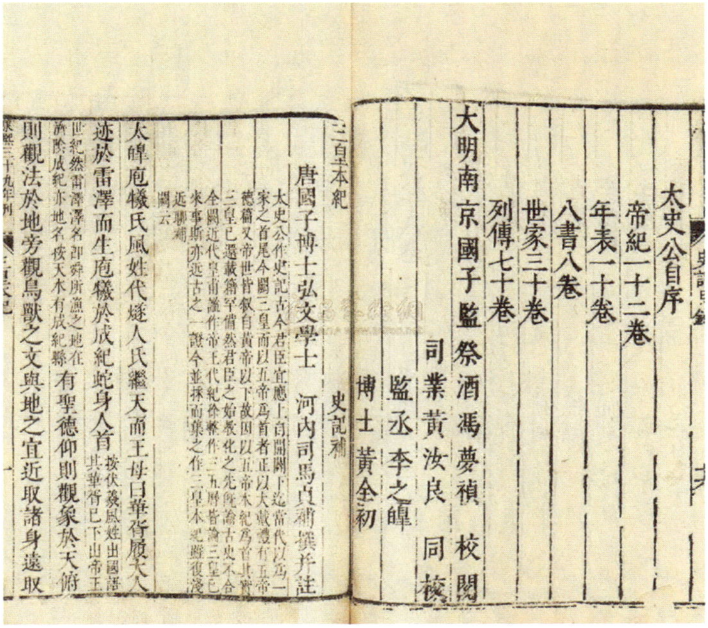
太史公自序
帝紀一十二卷
年表一十卷
八書八卷
世家三十卷
列傳七十卷
大明南京國子監祭酒馮夢禎 校閱
司業黃汝良 同校
監丞李之皥
博士黃全初

三皇本紀 史記補
唐國子博士弘文學士 河內司馬貞補撰并註
太皞庖犧氏風姓代燧人氏繼天而王母曰華胥履大人
迹於雷澤而生庖犧於成紀蛇身人首
有聖德仰則觀象於天俯
則觀法於地旁觀鳥獸之文與地之宜近取諸身遠取

《史记》内页

> 楚之先祖出自帝颛项高阳。高阳者，黄帝之孙，昌意之子也。高阳生称，称生卷章，卷章生重黎。重黎为帝喾高辛居火正，甚有功，能光融天下，帝喾命曰祝融。共工氏作乱，帝喾使重黎诛之而不尽。帝乃以庚寅日诛重黎，而以其弟吴回为重黎后，复居火正，为祝融。[①]

按照司马迁的说法，祝融为楚人先祖，准确地说应该是楚公族的先祖，因为江汉土著楚人的先祖是三苗部落的首领。

相传为火神的祝融，最初却是雷神。早春时节，雷始发声，卉木维新；晚秋时节，雷乃收声，草木黄落。从早春到晚秋，是雷活跃的季节，也是农作物成长的季节。楚人始祖之所以被尊为雷神，是因为他们的知识和职责关系到农作物的枯荣，正像西周末太史伯说的，“其功大矣”。

据说祝融还是凤的化身，《白虎通》说祝融“其精为鸟，离为鸾”，鸾也是凤。楚俗尊凤，楚人喜以凤喻人，源自远古的图腾崇拜。在楚人的信史时代，先民的图腾只留下了朦胧的回忆，但仍有图腾的象征作用。在楚人心目中，凤在诸多灵物中高居首席，与自己的祖先有某种亲缘关系。他们尊崇凤，就是尊崇自己的祖先；他们钟爱凤，就是钟爱自己的民族。因此，无论是在传世典籍中，还是在出土文物上，凤的形象一律是伟岸英武，气韵非凡。

1987 年，荆沙铁路考古队发掘了位于湖北荆门的包山楚墓，该墓出土的楚简中明确记载了墓主人祭祀的祖先的名字，祝融赫然位列其首。这是祝融为楚人祖先最有力的实物证据之一。文献记载表明，楚公族的始祖是颛项高阳氏，而高阳氏又是黄帝之孙，所以楚公族的始祖应是以华夏族为主体包括当时各族人民的共同祖

① 司马迁：《史记》，中华书局 1959 年版，第 1689 页。

虎座立凤木雕

先——黄帝。

颛顼之后，经称、老童至重黎，重黎是帝喾高辛氏的火正，其职责为观象授时，即根据天文星象的变化指导人们从事农业生产。因其能光融天下，被帝喾命曰祝融。其后，重黎之弟吴回及其子陆终继续担任火正一职，仍称祝融。

随着社会的进步与发展，久居中原的祝融部落集团内部又产生了许多新的支系，《国语》记载共有八姓，即八个分支部落，分别为己、董、彭、秃、妘、曹、斟、芈。

夏代，祝融的后裔在与夏的争战中呈星散之势，它们或被消灭，或被驱逐，或被同化，至夏商之际，唯有芈姓季连部落得以幸免于难，成为血脉仅存的一支。

商朝建立后，芈姓季连部落迫于商王朝的威慑，从中原地区逐步南迁到淮水以南、汉水上游一带，即所谓“南土”或“南乡”。

南下的芈姓季连部落，一方面带有浓厚的中原华夏文明的印记，另一方面入乡随俗，不断与世居江汉的土著楚蛮文化融合，逐渐发展和强大起来，并在地处南土的荆楚之地形成了一个被称为荆楚或楚荆的新兴的民族。

（二）创业维艰

商代末年，楚族已南迁到今鄂西北与豫西南毗邻的丹水与淅水一带，并以丹水的北边为中心，故称其地丹阳。也许是时势造英雄，当时楚族出了一个著名的领袖——鬻熊。楚人对鬻熊的品行和才干崇敬有加，以至后来楚的国君便以熊为氏了。

不仅楚国君之氏源自鬻熊，楚之得名也与鬻熊密切相关。2008 年 7 月，清华大学校友向母校捐赠了 2388 枚战国竹简，学界称之为清华简。其中有一篇《楚居》记载，鬻熊的妻子妣厉生幼子熊丽时难产，剖腹后子存母亡，巫师只好用被称为楚的一种荆条将妣厉伤口包扎后下葬了。为了纪念这位有着伟大母爱的母亲，国人把新建立的国家称为楚。

鬻熊时期，与楚族的蒸蒸日上相反，商王朝则江河日下。鬻熊敏锐地察觉到了商王朝的腐朽与没落，审时度势，义无反顾地投奔了周族首领西伯姬昌也就是周文王。鬻熊年高德劭、见多识广，周文王很敬重他，尊他为师，以至后来楚武王带着不无夸耀的口吻说：“吾先鬻熊，文王之师也。”鬻熊还率部与其他各族共同参与了推翻殷商王朝的斗争，周王念其有功，颁给他“子”的名分，正式确立了鬻熊对楚蛮之地的统治地位。尽管这个国，只能算是方国，尚不在诸侯之列。这么说来，鬻熊既是楚族的杰出首领，也是名义上的楚国最早的缔造者，楚人因之对其奉祀唯谨，地位与祝融相当。

直至鬻熊的第四代孙熊绎之时，周王朝才正式给楚以子男的封号，即《史记》所记："楚之祖封于周，号为子男五十里。"熊绎的国都仍称丹阳，但已不是昔日的丹水之阳，而是位于今湖北南漳、保康、谷城一带的荆山谷地。

南漳荆山主峰

熊绎以子爵之位领有封地，标志着已得到了周王室的正式承认。楚，这个注定不同凡响的国号兼族名才公开载于史册。

楚人鱼跃龙门般从原始部落径直进入诸侯国的行列，惊喜之情难以言表。但是，立国之初的楚国国土面积毕竟不过 50 里，同中原诸国比起来只能算是弹丸之地，无异于被周王朝画地为牢。

立国之初楚人生计之维艰得到了出土文献的证实。《楚居》记载了这样一个故事：

> 楚人好不容易建起一个祭祀场所，却苦于拿不出祭品，万般无奈，只好趁着月黑风高之夜，翻墙潜入相邻的鄀国一户人家的牛舍，偷走一头断了角的牛，赶在当晚偷偷举行祭祀，而这头无角牛竟然是唯一的祭品。

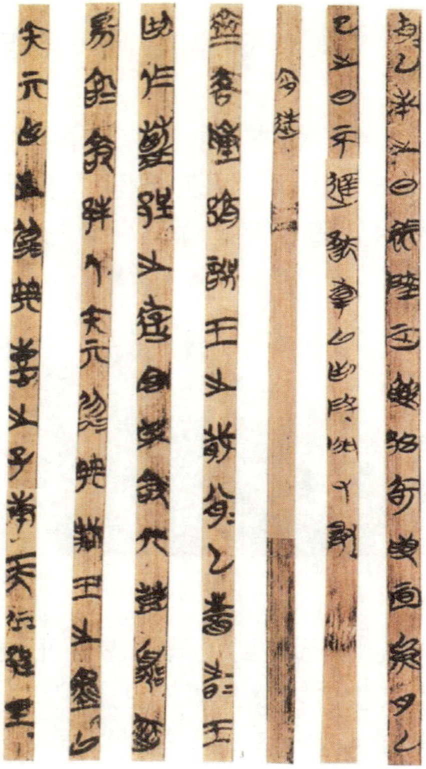

楚简

由此可见，这个刚刚诞生的国家，在当时是多么寒碜。也许是为了让后人记住楚人立国时的艰辛，楚国从此将祭祀祖先的仪式安排在晚上举行，这在同时期诸国中是独一无二的。

楚国受封不久，就赶上了周天子在岐山之阳举行的诸侯盟会，即史上著名的成周之会。熊绎虽说也应邀参加，但只是一个小小的末等诸侯，根本没入周天子的法眼，更不能与中原诸侯平起平坐。所以，以诸侯的身份出席岐山盟会的熊绎，只能担当守燎一职，就是看守祭天的火堆，无缘参与正式盟会仪式，楚人地位之卑微于此不难想见。

所幸楚人并没有自暴自弃、怨天尤人，他们在熊绎的带领下，在荆山深处的丛林中，开榛辟莽，艰苦创业。对于这段艰难困苦的历程，楚人的后裔始终难以忘却，他们无限尊崇而自豪地回忆："昔我先王熊绎，辟在荆山。筚路蓝缕，以处草莽。跋涉山川，以事天子。唯是桃弧、棘矢，以供御王事。"意思是说：我们立国初期的国王熊绎，坐的是简陋的柴车，穿的是破旧的衣裳，却没有自怨自艾，而是带领他的国民们开垦荒山，辛勤劳作，还要在崎岖的山路中往返跋涉，为周天子当差效力，贡献桃弓、棘箭等物品。

楚人就是在如此艰苦恶劣的环境中迈出了奋发创业的第一步，“筚路蓝缕”因之成为人们习用的话语，形容创业的努力与艰辛。正是凭着这股筚路蓝缕的进取精神，楚人从莽莽荆山出发，开辟了一片新的天地。

（三）开疆拓土

熊绎五传后至熊渠，楚人有幸又迎来一位杰出的君主。

熊渠颇有胆气和勇力，尤以擅射著称。司马迁在《史记》中对熊渠的射箭技术赞誉有加，认为就连射落过九个太阳的后羿也不能与之相提并论。其说的是一天夜晚，熊渠正紧急行军，突然听到草丛中发出一阵奇异的响声，他急忙停下脚步，目光机警地朝四周搜索，猛然发现一只大老虎就趴在前面不远处，情急之下立马弯弓搭箭，只听见“嗖”的一声，那老虎就一动不动了。待他上前一看，哪有什么老虎呀，不过是一块形状似兽的巨石横卧在那里罢了，而刚刚射出的箭镞已深深地嵌入石头缝隙，怎么也拔不出来了。这就是熊渠“射石饮羽”的典故，它同后世广为流传的李广射石如出一辙，但时间却早了700余年。

熊渠不仅勇力过人，而且胆略超群。他利用周王朝内外矛盾重重、无暇他顾的时机，采取远攻近交的策略，首先团结江汉流域的群蛮百濮和大小方国部落，深得当地民众拥护，史称“熊渠甚得江汉间民和”。接着开始开疆拓土，向西攻下了庸国和扬越族群，继而转头向东一直攻打到鄂（今湖北鄂州、黄石一带）。在鄂境内，有一处著名的铜矿——大冶铜绿山，对铜绿山的掌控成为楚国迅速跃起的跳板。

在当时，铜料毫无疑问是头等重要的战略物资。熊渠占领了包括铜绿山铜矿在内的古鄂国，是他一生所做出的最重大的决策，也是他所建立的最辉煌的功业。依仗丰富的铜矿，楚国制造出锋利的武器，组建了精师锐勇，开始迈出了振兴崛起的步伐。

按照西周的规制，只有周天子才能称王，诸侯只能称公、侯、伯、子、男。楚人先君熊绎在周初受封时只获得了仅高于末等的子爵，熊渠早就对此愤愤不平，他觉得楚国已经逐渐强大起来，完全没必要理会周天子那一套规矩，便趁周室式微之际，一口气把自己的三个儿子全都分封为王，即鄂王、句亶王和越章王，分别镇守长江中游的三个要地，一方面代表楚君进行统治，另一方面确保铜矿资源的安全。不久周王朝再度势盛，熊渠自忖其势力尚不足以与周王室分庭抗礼，经过反复权衡，最终主动去掉了三个儿子的王号，暂行韬光养晦之策，等待最佳时机，充分显示出作为一个优秀政治家兼军事家的机警和果敢。

从熊绎至熊渠的100多年间，楚国由弱变强，逐步摆脱了周王朝的束缚，走上了独立发展的道路。此后，楚国历经了若敖、蚡冒、武王、文王、成王、穆王时期，楚人筚路蓝缕的精神一直贯穿于楚国的发展历史，就连楚之劲敌晋国的大夫栾武子都大发感慨："若敖、蚡冒筚路蓝缕，以启山林。"当时的诸侯国国君，像若敖、蚡冒这样因率领民众艰苦创业而受到别国称誉的，绝无仅有。及至西晋时期，江统还盛赞楚君："蚡冒以筚路蓝缕，用张楚国。"

公元前740年，熊通即位为楚君。他一方面利用楚国与周边国家和睦相处的有利形势，加快增强实力；另一方面精心谋划向周边拓展。经过慎重考量，熊通决定先致力于平定江汉平原的西部，建立起稳固的后方。于是，他一鼓作气灭掉权、州、蓼等国，紧接着又将进攻的矛头指向了汉东第一大国——随国。随国又称曾国，国都在今湖北随州市境内，是周王朝同姓（姬姓）诸侯国中距离长江中游有色金属产地铜绿山最近的国家，也是两周之际汉水以东最大同时更是长江中游青铜器铸造水平最高的一个诸侯国。

熊通清楚地知道楚国要称雄于南方，必须控制长江中游的有色金属产地，而要控制长江中游的有色金属产地，非控制随国不可。不仅如此，当时处于汉水以东的诸侯国中，以随国的政治、经济、军事实力最强，只要征服了随国，汉水流域的其他各国自然望风归附，整个江汉地区都会在楚国的掌控之中。

实际上，熊通的用意远不止这些，他还有更深层的考虑：楚国的经济发展了，军事力量增强了，在政治上也应当有更高的要求，但周王室当年分封给楚国的子爵太过卑微，根本不能与楚国当前的实力相匹配，为此，他迫切希望周王提高楚君的爵位，借以抬高楚国在诸侯国中的地位。

经过一番深思熟虑，熊通决定采取软硬兼施的策略，即先以武力相威胁，迫使随国就范，然后利用随国君王与周王室同为姬姓的特殊关系，要求随君出面请求周天子为楚国君王晋升爵位。为此，熊通组建了一支快速作战部队，随时准备进攻随国。

公元前 706 年，随国粮食严重歉收，民不聊生，社会动荡。熊通抓住这个千载难逢的机会，发动了蓄谋已久的对随战争。经过一场激烈厮杀，随军大败，楚国由此实现了得志汉东的心愿。

两年后，即公元前 704 年，随人告诉楚国，虽尽力斡旋，周王室依然不同意晋升楚君爵位。熊通闻讯恼羞成怒曰："吾先鬻熊，文王之师也。早终。成王举我先公，乃以子男田令居楚，蛮夷皆率服，而王不加位，我自尊耳。"他于是自立为王，是为楚武王，成为所有诸侯中第一位称王的国君。

楚武王在位 50 余年，励精图治，开拓江汉，三次领兵攻随，慑服汉东诸国，创县制，设令尹，置陈兵之法，为楚国的崛起鞠躬尽瘁。

武王去世后，其子熊艰继位，是为楚文王。楚文王也是一位抱负远大的国君，即位之后，他继承武王的遗志，全力以赴向北开拓，以实现武王"观中国之政"的宏愿。

至文王之世，经过几个世纪的苦心经营和几代雄主的大力开拓，楚国国土面积已非立国之时所能比拟。在这种状况下，如果继续偏安一隅，已经明显不能适应时局的发展，也不利于实现北上争霸、观政中原的夙愿。有鉴于此，文王即位后，采取的第一大战略行动就是将楚国都城从丹阳迁移到郢。

文王迁郢，既是楚国已经完全控制了江汉地区的突出标志，又是楚国立国争霸的重要步骤，为后世楚成王的北上争势和楚庄王的问鼎中原提供了坚实的保障。也正是因为如此，文王都郢这一历史壮举，孕育了楚人永远挥之不去的“郢都情节”，自文王都郢后，楚人无论迁至何处，始终以郢来命名自己的都城。

从文王、成王至穆王，随着楚国国力逐渐增强，毗邻楚国的中原南部国家都被一一降服，通往中原的道路已然打开。

作为普天之下的政治中心，周王室和主要诸侯国都集中在中原腹地，只有在中原腹地立足，才能凸显其政治地位。因此，在扫平了中原南部诸国后，楚国统治者便将战略眼光投向了更远的中原腹地。

公元前 613 年，年轻的楚庄王即位，其时他尚不满 20 岁。当时，楚国内有利益集团争权夺利，外有列强环伺，如西邻巴国向东骚扰楚国，一直臣服于楚国的北邻庸国也蠢蠢欲动，准备进攻郢都。此时的楚国可谓内忧外患，危机四伏。

严峻的形势考验着这位年轻气盛的君主，朝野上下也对楚庄王寄予了深厚的期望。但年轻的庄王却忧虑重重：满朝文武大臣虽多，却不知谁是真心辅佐自己的贤相良将，谁是祸国殃民的贼子奸臣。

为了辨识忠奸，楚庄王决定“以静制动”，上演一出“三年不理朝政”“沉溺于声色犬马”的“闹剧”。他通过暗中观察，终于看清了群臣中孰忠孰奸，于是当机立断，罢免奸佞小人，选用忠良贤臣。成语“三年不飞，飞将冲天；三年不鸣，鸣将惊人”就出自这场宫廷“闹剧”。

楚庄王以霹雳手段，除掉了楚国最大的贵族利益集团——若敖氏，加强了王权，也缓和了国内的矛盾。他求贤若渴，任人唯贤，亲自挑选有治水奇功的孙叔敖为令尹。孙叔敖不负众望，勤政廉洁，发展农桑，兴修水利，使楚国的经济得到了快速的发展。同时，他还注重改革军制，提高了军队的战斗力，为争霸扩张秣马厉兵。

公元前606年，楚庄王率领大军北上中原腹地，观兵周疆、问鼎轻重，标志着南国之楚已深入中原腹地，深刻地影响了中国先秦历史的进程。

公元前597年，楚、晋发生战争，楚国大获全胜，终于击败称霸中原数十年的晋国，将春秋时代楚国霸业推向了顶峰。

楚庄王继承先人筚路蓝缕的精神，一生戎马倥偬，南征北战，“并国二十六，开地三千里”，称霸中原，气势如虹，“天下大事尽在楚”。楚庄王成为名震天下的春秋五霸之一。

此后，春秋时期楚国的历史虽不乏异彩，但终归为楚庄王的光芒所掩。

（四）宣威中兴

战国早期，楚国曾历经一段短暂的沉寂与低迷，不久又再度强势崛起。特别是楚宣王至威王时期，楚国发展生产，加强武备，奋力东拓，跻身战国七雄之列，史称“宣威中兴”。

楚悼王之世，楚国面对愈演愈烈的国内矛盾，进行了中国历史上著名的一次政治改革——吴起变法。吴起变法称得上是大刀阔斧的改革：削弱贵族特权，改善平民境况；健全法制，整饬吏治；整军经武，提高军队战斗力等等。吴起变法的一系列措施，切中时弊，顿收奇效，楚国国力迅速强大起来，一时兵强马壮，初露称雄之势。不幸楚悼王英年早逝，吴起失去了坚强的靠山，被旧贵族疯狂射杀，变法成果也付诸东流。

接下来的楚肃王时期，是一段相对平静的岁月，楚国也得到了休兵息民、养精蓄锐的机会。

及至楚宣王之世，君明臣贤，和衷共济，肃王的稳健方针得以继续贯彻，楚国已积蓄了与任何强敌争胜的实力，显现出振兴复强的气象，为楚威王时期楚国的再度辉煌创造了基础。

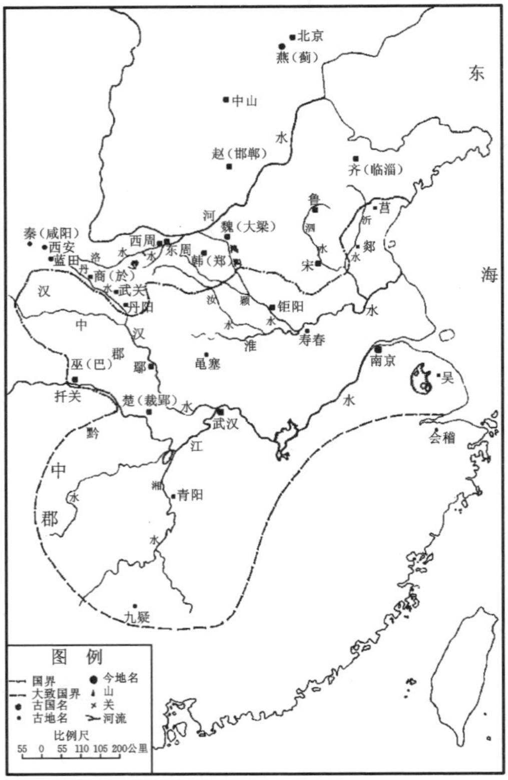

楚国极盛时期疆域图

公元前 340 年，楚宣王卒，子熊商立，是为楚威王。楚威王是一位深具忧患意识的国君，他唯才是举，用兵如神，于公元前 333 年率师一举歼灭越军主力，尽取越人所占吴地，越人从此溃散，在楚怀王时彻底消亡。同一年，楚军移师北上，与齐国军队激战于徐州，大败齐国，威震淮泗。楚国国力之盛，已至巅峰，疆域包括今湖北、湖南、江西、安徽、江苏、上海、浙江全部，以及陕西、河南、山东、重庆、贵州等省市的部分地区，几乎囊括半个中国，势力范围更是及于今广东、广西、四川、云南局部地区，成为当时地域最广、人口最多、实力最强的国家，《战国策》记载纵横家苏秦以不无夸耀的口吻说："楚，天下之强国也……地方五千余里，带甲百万，车千乘，骑万匹，粟支十年，此霸王之资也。"

威王之子为怀王，怀王六年（前 323 年），大司马昭阳率楚军在襄陵之役中击溃魏军。楚人兴高采烈，按照他们以大事纪年的习惯，称这年为"大司马昭阳败晋师于襄陵之岁"，铸在铜器上，写在竹简上。同年，远在西方的亚历山大大帝病逝，亚历山大帝国随即瓦解。此后十余年，楚国是世界第一大国，也是第一强国。

楚怀王前期重用屈原等贤良大臣，针对时弊进行过一些革新。屈原主张内修法度，外结齐国，惩贪除奸，选贤授能，不幸的是其改革措施遭到楚国贵族的坚决反对。楚怀王忠奸不分，疏远屈原，重用佞臣，改革无疾而终，国力逐渐削弱，国土大片沦丧，楚国再度由盛转衰。公元前 278 年，秦国大将白起挥兵南下，直捣郢都，悲愤交加的屈原在汨罗江以身殉国。

公元前 223 年，秦国大将王翦率部攻入楚都寿春，俘虏楚王负刍。至此，富有传奇色彩的楚国黯然退出了历史舞台。

（五）薪尽火传

回望楚国历史，感慨良多。著名历史学家范文澜先生曾指出："楚国八百余年扩张经营，为秦汉创立伟大封建帝国准备了重要条件，七国中秦楚应是对历史贡献最大的两个国家。"诚哉斯言！

楚国之所以能变弱小为强大、变落后为先进，最终跻身春秋五霸、战国七雄之列，并创造出博大精深、风格独具的楚文化，原因固然很多，但楚人筚路蓝缕、百折不挠的进取精神，无疑是重要因素之一。楚国的发展史，可以说就是一部筚路蓝缕的创业史、进取史。

秦统一以后，楚地人民的进取精神丝毫未减，面对秦朝暴政，楚人后裔陈胜、吴广揭竿而起，刘邦、项羽毅然起兵，不旋踵间，楚人刘邦建立了大汉王朝。

当历史发展至两汉之世，荆楚大地可谓英才辈出，王昭君为了不使汉匈再起战乱，决计以个人之疾苦换取百姓之安乐，登车北去。从此，“琵琶一曲干戈靖”，绝世美女王昭君用她的慧心巧手弹奏出美妙的民族和谐之音。而另一位籍贯荆楚的东汉开国之君刘秀偃武修文，除旧布新，国家太平富足，人民安居乐业，成就了为世人津津乐道的“光武中兴”。

鄂州出土铜镜

三国魏晋南北朝时期，尽管割据四起，战火连绵，但荆楚人民锐意进取的雄心从来没有消歇。武昌(今鄂州)、江陵、襄阳和夏口等城市悄然崛起，成为区域性政治、经济、文化中心。其中武昌不仅两度成为孙吴政权的首都，还是名闻天下的造船基地，建造的“长安”号战舰可容3000士卒；武昌还与洛阳、会稽（今浙江绍兴)、徐州并列为全国四大铜镜铸造中心，出产的铜镜不仅行销全国，甚至远销日本。

唐朝，荆楚更是文化昌盛之区、人文荟萃之地：竟陵（今天门）人陆羽踏遍神州，研习茶事，撰写了世界第一部茶学著作《茶经》；山水田园诗人孟浩然以其清新脱俗的诗篇，赢得“风流天下闻”的美名；黄梅禅宗名扬九州，因而有“天下禅宗，皆出东山法门”的佛界共识。

宋代，青年毕昇从大别山下的英山奔波于英山与杭州之间，终于发明了一种节时省力的印刷技术——活字印刷术，荆楚从此与惠及世界的中国古代四大发明紧紧地联系在一起。

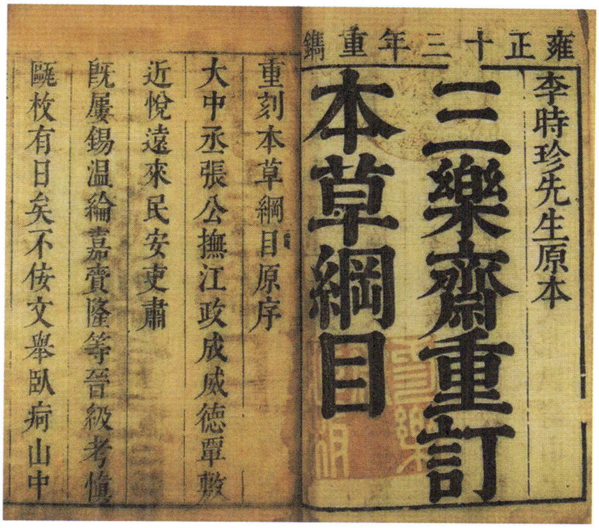

李时珍《本草纲目》

明清时期，无论是社会、经济，还是科技、文化，荆楚地区的发展均足堪称道。明代万历首辅张居正从湖广江陵入京，力主革新，成为中国历史上与诸葛亮、王安石相提并论的杰出政治家。明代中后期，汉口一跃成为中国四大商业名镇之一，与北京、苏州、佛山并称为“天下四聚”，是名副其实的长江中游地区农副产品的集散地，“九省通衢”地位由此确立。众多的鄂籍文学名士与艺术俊彦如过江之鲫，公安派、竟陵派、江夏派开宗立派，各领风骚；汉调同徽班进京催生了国粹京剧；医药学方面荆楚地区更是名家辈出，特别是以李时珍为代表的“鄂东四大名医”，除宋代的庞安时外，其他三人都属于明清时期，为中国医药学的发展做出了举世公认的贡献。

至近代，清王朝经过所谓“康乾盛世”后，进入了危机四伏的衰世，政治腐败，军事废弛，思想压抑，国门闭锁，社会矛盾一触即发，而西方列强更是对日益衰败的中国虎视眈眈。鸦片战争英国战舰叩开中国国门，中国开始由独立的封建国家逐步沦为半殖民地半封建国家。“寸寸山河寸寸金，侉离分裂力谁任?”神州陆沉，百姓哀鸣，中华民族遭受的屈辱与苦难世所罕见。

面对“千年未有之变局”，不甘屈服的中国人民开始了探索近代转型的艰难历程，而楚人曾经筚路蓝缕、艰苦跋涉的两湖地区一直是前驱先路。

晚清之世，因为长期闭关锁国，封闭了中国人民的眼睛和心灵，日渐麻痹的人们坐井观天，对外面的世界一无所闻。一位当时的中国文人曾这样描述他心目中的西方人的形象：“他们的长腿不能弯曲，因而不能奔跑和跳跃，他们碧蓝的眼睛畏惧阳光，甚至在中午不敢睁开。”就连坚守广东抗敌前线的林则徐也相信“只要断绝了对西方人茶叶和大黄的供应，他们就会因为消化不良而死”。但林则徐毕竟是一个志向远大的智者，他一直渴望了解外面的世界。1841 年 8 月的一天，即将迁戍新疆伊犁的林则徐，在镇江将自己搜集编成的《四洲志》等有关国外的资料郑重地交给故友魏源，希望他能萃取精要，以唤醒国人。

一年之后，中国历史上第一部系统介绍世界的中文著作《海国图志》在楚人后裔魏源手中完成了。《海国图志》内容宏富，系统介绍了世界各国的地理、历史、经济、政治、军事、文化和科学技术，乃至宗教、风俗等情况，并附有世界地图、各大洲地图和分国地图等。这不禁使人联想起明代晚期意大利传教士利玛窦在中国广东看到的一幅由中国人绘制的世界地图。这幅地图的中间是由明朝

魏源像

《海国图志》书影

的国土构成的大陆，周围有海洋，海洋里面的若干小岛就是诸多“外夷”。所有这些小岛加在一起，面积还比不上明朝一个最小的行省。在明朝的君臣看来，蕞尔“外夷”，其奈我泱泱大国乎？面对《海国图志》，晚清的君臣大概不会再有前朝同道同样的感受吧！

同时，魏源还对强国御侮、匡时除弊之路作了探索，提出“师夷之长技以制夷”的重大国策，主张学习西方制造战舰、火器等先进技术和选兵、练兵、养兵的方法，改革中国军队。他甚至不无乐观地预言：经过努力，若干年后，必然“风气日开，智慧日出，方见东海之民，犹西海之民”。

魏源首倡“师夷之长技以制夷”，表现出其在睁眼看世界和观念解放上的巨大突破，他把忧患与发愤、求索与开拓、爱国与恤民、御外与治内、民族信念与世界眼光结合起来，不仅开拓了近代爱国主义潮流的新方向，而且为此后的资产阶级变法维新运动提供了精神潜能。

张之洞像

如果说，魏源是地道的楚人，那么，张之洞则是以楚人自许且在故楚地立下不世之功的外省籍人士。

面对“忽喇喇似大厦将倾”的时局，清朝统治集团内部也加速了分化，洋务运动应运而生。其中，与曾国藩、李鸿章、左宗棠并称“晚清四大名臣”的湖广总督张之洞的“湖北新政”，在各省的新政中独树一帜。

1889 年 12 月 17 日，浩

荡的长江上汽笛长鸣，武昌江岸冠盖云集，迎接从轮船上走下的一位长髯飘飘的长者——新任湖广总督张之洞。

张之洞也许没有想到，从这一天开始，他在武昌一住就是19年，创造了清朝湖广总督任职时间最长的纪录。他或许更没有想到，在中国近代史上从此“张之洞”三个字与湖北紧密联系起来，湖北乃至中国近代历史从此翻开了新的一页。

张之洞督鄂近20年，在湖北兴实业、办教育、练新军、修铁路、应商战、劝农桑，大力推行“湖北新政”，使湖北经历了一次近代化的蝶变。因为张之洞，武汉成为当时中国最重要的工业基地之一，以至于毛泽东说：讲重工业，不能忘记张之洞；因为张之洞，武汉从昔日的封建商业重镇一跃而成为国内屈指可数的国际贸易商埠，大有“驾乎津门，直追沪上”之势；因为张之洞，湖北在新式学堂的创办、留洋学生的派遣、新军的组训等方面都捷足先登。

“湖北新政”使得湖北成为“开风气之先”的省份之一，武汉一跃成为中国早期工业化运动的发祥地，华中地区政治、经济、文化的中心，中国内陆最大的通商口岸，蜚声海内外的国际性都市，被西人称为“东方芝加哥”。面对如此功业，张之洞念念不忘楚人发祥地江汉之域的感召，他为奥略楼所题楹联就表露了这一心迹：“昔贤整顿乾坤，缔造多从江汉起；今日交通文轨，登临不觉亚欧遥。”正是楚地江汉蕴聚的筚路蓝缕的进取精神，激发了张之洞“湖北新政”的锐志雄心。也正是因为如此，张之洞将其一生倾注心血最多的湖北视为第二故乡，并自许楚人，他在70岁寿庆时，曾以“劳歌已做楚人吟”的诗句昭示天下。

然而，让张之洞始料未及的是，他派往海外学习的士子和军人，不仅没有成为大清江山的保卫者，反而成为其掘墓人，这就是所谓“种豆得瓜”。

1911 年 10 月 10 日，湖北武昌城头的一声枪响，宣告了清王朝的覆亡。

辛亥革命是我国近代历史上一次伟大的资产阶级民主革命。在中国一步步沦为半殖民地半封建社会，中华民族面临亡国灭种的危局之时，以孙中山为代表的革命党人发动了辛亥革命，推翻了腐败无能的清王朝，结束了长达 2000 多年的封建专制统治，开启了民主共和的大门。

鄂军都督府旧址（鄂军都督府是辛亥革命后第一个资产阶级民主革命政权湖北军政府，同时代行中央军政府的职责，驻地即今红楼）

在中国历史进程中，武昌首义厥功至伟。荆楚儿女的巨大贡献，得到孙中山先生的高度赞扬：“荆山楚水，磅礴精英，代有伟人，振我汉声。”岁月更迭，历史远去，首义枪声永远回响于人类历史的天幕，如同发端于楚人筚路蓝缕精神特质的首义精神一直流淌在荆楚儿女的血脉之中，此后 100 多年，首义精神成为激励荆楚儿女奋发向上、振兴中华的巨大精神动力。

1920 年 8 月，在共产国际的帮助下，出生于吴头楚尾之地的安徽人陈独秀和湖北潜江人李汉俊在上海成立了中国第一个共产主义小组，担负起筹建中国共产党的伟大历史使命。

就在这一年 8 月的一天，在辛亥首义爆发地武昌蛇山脚下的抚院街 97 号，董必武、陈潭秋、刘伯垂、张国恩、包惠僧、赵子健、郑凯卿等 7 人聚集一堂，正式成立了武汉共产党早期组织，推选湖北人包惠僧为书记，开启了湖北共产主义运动的历程。湖北因此成为全国最早创建共产主义小组的 6 个省市之一。武汉共产主义小组的成立和发展，为中国共产党的诞生做出了不可磨灭的贡献，也标志着湖北人民的革命斗争进入到一个崭新的历史阶段。

1921 年 7 月 23 日晚 8 时，中国共产党第一次全国代表大会在上海法租界望志路 106 号（今兴业路 76 号）秘密召开，来自全国 6 个共产主义小组的 13 名代表出席了这次历史性的会议。

让人备感惊奇的是，出席中共一大的 13 名代表中，竟有 9 位来自故楚地湖北和湖南。

更鲜为人知的是，具有开天辟地重大意义的中共一大的前期会址是湖北人李汉俊胞兄李书城的寓所。

中国共产党的成立，是中国历史上“开天辟地的大事变”。革命火种在旧中国的沉沉黑夜中点燃，中国革命的面貌从此焕然一新。

从这一天起，在中国革命历史上，楚国故地湖北扮演着极其重要的角色：它既是中国工人运动、农民运动和大革命运动的中心区域，又是中国革命武装夺取政权的重要策源地、中国工农红军的主要诞生地和中国革命胜利的主要根据地，为波澜壮阔的中国革命谱写了惊天地、泣鬼神的乐章。

从这一天起，在湖北这块土地上，革命的火焰从未熄灭：从中国共产党第一次全国代表大会到新中国成立的 28 年间，中国共产党的组织活动从未间断；从 1927 年黄麻起义到 1949 年中华人民共和国成立，中国共产党所领导的武装斗争从未间断；从北伐战争到中华人民共和国的成立，人民政权从未间断。

从这一天起，为了民族解放，无数湖北共产党人朴诚勇毅，前仆后继，血洒疆场，气壮山河，树立起一座又一座丰碑：这里诞生了董必武、李先念两位共和国主席，这里走出了 236 位共和国开国将帅，这里 70 万儿女为了民族独立与富强英勇献身，这里有 31 位党的省委书记以身殉国。

董必武

李先念

回顾荆楚革命历史发展脉络，我们不难发现，发端于楚人筚路蓝缕的进取精神，成为荆楚儿女的精神胎记。为了民族振兴、国家富强、人民幸福，无数荆楚儿女发扬筚路蓝缕的精神，矢志不渝，义无反顾，书写了一段又一段红色传奇。也正是因为如此，“筚路蓝缕”成为习近平总书记引用最多的一个成语典故。

1988 年 5 月，带着中共福建省委的重托，习近平同志到宁德担任地委书记。面对闽东的困境，在那个以发展、效益见“英雄”的年代，习近平同志独树一帜，鲜明地提出“闽东经济发展的潜力在于山，兴旺在于林”的发展战略，并将林业发展作为闽东经济发展的一个重要突破口。

为此，习近平同志专门撰写了《闽东的振兴在于“林”——试谈闽东经济发展的一个战略问题》一文，他在文中首次引用了“筚路蓝缕”这一成语典故：

> 《左传》中有一句很深刻的话，“筚路蓝缕，以启山林”。意思是驾着简陋的柴车，穿着破旧的衣服去开发荒山野林，艰苦创业。这句话用来形容我们闽东的创业者十分形象。我相信，只要我们统一认识，把全闽东的干部群众团结起来，坚持不懈、扎扎实实地奋斗三年、五年、十年，闽东的林业一定会有长足的进展，闽东经济落后的面貌也一定会有明显改观。①

面对闽东林业的发展，习近平用“筚路蓝缕”寄语闽东的干部群众，以此来凝心聚力，他相信只要闽东干部群众团结奋斗、不懈努力，闽东的林业就会有快速的发展，闽东的社会经济面貌必然会有翻天覆地的变化。

20 多年来，筚路蓝缕的精神始终在宁德得到传承、弘扬和发展，始终是振兴闽东的力量源泉和动力。在筚路蓝缕精神的鞭策和鼓舞下，闽东人民实现科学发展、跨越发展，一直在努力奋进。

2013 年，习近平总书记同各界优秀青年代表座谈时，再次引

① 习近平：《摆脱贫困》，福建人民出版社 1992 年版，第 86 页。

用了“筚路蓝缕”这个成语典故：

“宝剑锋从磨砺出，梅花香自苦寒来。”人类的美好理想，都不可能唾手可得，都离不开筚路蓝缕、手胼足胝的艰苦奋斗。我们的国家，我们的民族，从积贫积弱一步一步走到今天的发展繁荣，靠的就是一代又一代人的顽强拼搏，靠的就是中华民族自强不息的奋斗精神。当前，我们既面临着重要发展机遇，也面临着前所未有的困难和挑战。梦在前方，路在脚下。自胜者强，自强者胜。实现我们的发展目标，需要广大青年锲而不舍、驰而不息的奋斗。[①]

习近平总书记的殷殷之情和拳拳之心催人奋进！

2015 年 2 月 17 日，中共中央、国务院在北京人民大会堂举行 2015 年春节团拜会。中共中央总书记习近平在讲话中又一次引用了“筚路蓝缕”这个成语典故：

我们正在进行的中国特色社会主义事业，是前无古人的开创性事业，前进道路不可能一帆风顺，我们必须准备进行具有许多新的历史特点的伟大斗争。“其作始也简，其将毕也必巨。”我们要永远保持清醒头脑，继续发扬筚路蓝缕、以启山林那么一种精神，继续保持空谈误国、实干兴邦那么一种警醒，敢于战胜前进道路上的一切困难和挑战，使中国特色社会主义道路始终成为中华民族创造辉煌的必由之路，始终成为中华民族实现伟大复兴的必由之路，始终成为中华民族为人类作

① 习近平：《在同各界优秀青年代表座谈时的讲话》，《中国青年报》2013 年 5 月 5 日第 1 版。

出新的更大贡献的必由之路。[①]

今天，在实现中国梦的历史征程上，我们已经取得了举世瞩目的伟大成就，但必须清醒地认识到，距离实现民族复兴的目标，我们仍然有很长的路要走。伟大的目标源于伟大的梦想，伟大的事业成于不懈的奋斗。正因为如此，在不同的时间、不同的场合，习近平总书记每每用“筚路蓝缕”来鼓舞人心，激励斗志。筚路蓝缕是一种锐意进取、锲而不舍的创业精神，在新的历史征程中，我们要继承、发扬楚人筚路蓝缕的精神，矢志进取，奋力开拓，为早日实现中华民族伟大复兴的中国梦发挥自己的光和热。

① 习近平：《在2015年春节团拜会上的讲话》，《光明日报》2015年2月18日第2版。

二

大象无形的开放气度

“兵辟太岁”铜戚

在楚国发展、壮大的历史进程中，楚人以其“抚有蛮夷，以属诸夏”的博大胸怀，兼之大音希声、大象无形的开放气度，择善而从，为我所用，包容一切富有生机的文化，又将自己的文化广为传播。在湖北荆门车桥战国楚籍巴人墓中，出土了一件“兵辟太岁”铜戚，援的两面都铸着同一位天神像，人形、鳞身、鸟足，一足踏日，一足蹬月，俨然是全天的主宰。其大象无形的宇宙意识和空间效应，虽不能说是绝后的，却至少是空前的。

“楚王失弓”的故事对楚文化大象无形的开放气度做了最完美的阐释。《吕氏春秋》是如此记载这个故事的：

荆人有遗弓者而不肯索，曰："荆人遗之，荆人得之，又何索焉？"孔子闻之曰："去其荆而可矣。"老聃闻之曰："去其人而可矣。"①

故事梗概是这样的：

一次，楚王外出打猎，兴高采烈之际，发现自己最喜爱的一把弓不见了。左右侍从一听，大为惊慌，马上准备四下寻找。不料楚王把手一挥，大度地说道："不必找了，'楚人失弓，楚人得弓'，弓只是换了个主人而已，它仍然在楚人手中，而只要弓还在楚国人手中就可以了。"侍从们都很佩服楚王豁达的胸怀。

这件事不胫而走，很快便传到孔子耳中，孔子认为楚王的心胸还是不够宽广，他说："失弓的是人，得弓的也是人，何必计较是不是楚国人失弓得弓呢？其他国家的人拾到弓难道就不可以吗？"所以孔子主张去掉一个"楚"字，变成"人失弓，人得弓"。

老子听到孔子的议论后，莞尔一笑，他认为孔子的器局同样不够大，主张把"人失弓，人得弓"的"人"字去掉，变成"失弓，得弓"。在老子的心目中，弓是物质的，作为物质的弓，你拾或者不拾它总在那里，不会自己消失，故失也就是得，何况人与天地万物没有什么两样，都是造化和自然的平等产物，不要眼睛只盯着人。

"楚王失弓"本是小事一桩，但《吕氏春秋》仅寥寥数笔，楚

① 《吕氏春秋》第1册第1卷，四部丛刊本，商务印书馆1929年版，第9—10页。

王沧海之胸襟，孔子乾坤之度量，老子宇宙之境界，跃然纸上。短短的话语，凸显出楚人顶天立地、放眼寰宇的博大胸怀和天地浩然的开放气度。

楚民族是一个具有开放融会精神的民族，对于其他国家和民族的文化，善于兼收并蓄，乐于择善而从。与此同时，楚文化如同一条蕴含着无穷能量的天河光带，熠熠生辉，光波四射，不断拂煦着其他国家和民族的文化。楚文化在融会与传播的过程中，既促进了各国、各民族间的文化交流，又绽放出无穷的魅力。楚文化大象无形的开放的气度，是中国文化史上浓墨重彩的一笔！

（一）海纳百川

与楚文化互动的域内文化，首推黄河中游的中原文化，其次是长江上游的巴蜀文化，再次是长江下游的吴越文化，还有黄河下游的齐鲁文化、黄河中上游的秦陇文化，以及淮河流域的淮夷文化等等，甚至对域外文化，楚人也来者不拒，尽管这些文化发展的水平高下不一。

汲取中原文化的营养，这是楚文化成长壮大的必由之路。楚地先民和中原地区交流的历史源远流长，自觉学习中原文化的传统由来已久。史前时期，荆楚地区已经开始与中原地区展开文化互动交流，今湖北境内新石器时代文化遗址中，就有很多包含中原地区新石器文化元素的遗迹遗物。到了夏商时期，中原文化向南传播，对荆楚文化的影响日渐显著，湖北境内发现的商文化遗迹，如黄陂盘龙城、江陵荆南寺、大冶铜绿山、崇阳白霓、阳新白沙等一系列遗址，犹如中原文化留在楚地的一串串鲜明的印记。

西周至春秋战国时期，楚人对中原文化的吸收愈加积极主动。在这个历史重大变革时期，楚国对中原文化的吸收重点，莫过于文字和语言。

以文字为媒介，楚人采撷华夏精神文化的繁花硕果，含英咀华，茁壮成长。自从使用中原文字，楚人就日深一日地接近华夏意识形态。《左传》明确记载，楚人有自己的语言。然而，长期与中原交往，使用中原文字，诵读中原典籍，久而久之，楚人学会了中原语言。楚国贵族尤其是上等贵族，对于楚国语言和中原语言都很熟稔，他们在与中原诸夏交流时，丝毫没有障碍。所以，在文字和语言方面，楚人不抱偏见，趋之唯恐不及，求之唯恐不得。这一点，对后世南方与北方的统一有着不容低估的意义。

楚国还主动吸收中原礼乐文明。楚人学习中原礼制时，早期还犹抱琵琶半遮面。从楚成王开始，强大起来的楚人强烈地感受到，要想真正融入中原文化圈，成为一个名副其实的文明大国，就必须学会和遵循中原礼制，由此楚国加快了全方位学习和吸收中原礼制文明的步伐。对中原制度文化的学习和引进，有助于楚国国家机构的健全与发展，从而逐步建立起一套适合国内社会治理与对外军事斗争需要的较为健全的规章制度。

与之同时，楚国对中原地区的科技和艺术也情有独钟。

尽管楚国官方推行的历法与周历有所差别，但楚国民间则普遍接受并使用中原地区的历法——夏历，这在楚辞的描写中有较为充分的体现，如屈赋《怀沙》云“滔滔孟夏兮，草木莽莽”，屈原所描写的景象均与夏历的记时完全吻合。

楚人对中原地区的乐舞艺术也是极为艳羡的，满腔热情地加以引进吸收而使之融为一体，如楚辞《大招》中所说的郑舞，就是楚国从中原郑国引入的乐舞。也就是在这一时期，鲁国八位与孔子大约同时的著名宫廷乐师中，就有两位怀着“良禽择木而栖”的心态跑到了楚国，一位名干，一位名武，两位顶级乐师对楚国宫廷乐舞的贡献，即使非雪中送炭，亦是锦上添花。

在技术领域，楚人的青铜铸造技术主要是师法中原。楚国早期蛰居荆山一隅，没有充分意识到青铜在国计民生中的特殊地位，也不可能有自成体系的青铜文化，春秋早期以前，其水平显然不及中原。可是，当楚人不断扩张领土尤其是将铜绿山揽于怀中之后，楚国便扶摇而上，一跃而成为青铜之乡。也正是从这个时候开始，楚国将学习中原地区青铜器铸造技术提上了重要的议事日程。

楚国丝织物

楚国的丝织业也吸收了中原的先进技术。春秋时期鲁国的丝织技术独步一时，素有“冠带衣履天下”之称。据《左传》记载，楚国军队曾经攻入鲁国境内，为了求和，鲁国以送给楚国 300 名熟练丝织匠人为条件。楚人深深地认识到，人才的价值远远超过土地和城池，便在欣然接纳这批技艺高超的工匠后迅速如约退兵。鲁国工匠的到来，使得楚国的丝织业突飞猛进乃至后来居上。

巴民族主要分布在楚国以西的地区。西周中晚期，随着楚国的不断扩张，楚国境内开始出现巴人与楚人杂居，巴文化和楚文化共存，楚人十分注重吸收巴文化因素，其中主要在以下三个方面受益良多：

一是俗曲。巴人俗曲高亢而激越，旋律极富魅力，易于传唱流行。对此，激情浪漫的楚人从欣羡不已到跃跃欲试。据文献记载，当楚国有人唱起俗曲《巴人》时，顿时一唱千和，响遏行云，风靡郢都，可见楚都的国人对巴人俗曲的喜爱程度几近狂热。直到当代，在湖北山歌中，巴人后裔土家族的山歌仍广受欢迎，个中缘由，耐人寻味。

二是武舞。巴人武舞早在商末周初就声名远播，相传周武王伐纣时，有巴人和蜀人相助。巴蜀战士在阵前载歌载舞，尽显英勇豪迈，以至周人士气大振、愈战愈勇，殷人斗志锐减、前徒倒戈，胜负不言自明。楚国著名的宫廷乐舞《万舞》，就吸收了巴人武舞的艺术元素。

三是干栏式建筑。干栏式建筑是南方少数民族特有的建筑形式，其中以越人和巴人的干栏最为突出。楚国建筑最重要的特征是层台累榭，层台分明是受中原地区高台的影响，累榭则或多或少是受了干栏式建筑的启示。

吴越文化是先秦时期盛开于长江下游地区的艳丽花朵，随着楚人东进的速度加快，楚国对吴越文化吸收的意愿也愈加强烈。

楚国受吴越文化影响最大的，当属吴越地区的铜矿开采和冶铸技术，尤其是铸剑技术，更是直接取法于吴越。世传“吴王金戈越王剑”，楚人心向往之，为得吴越铸剑技术之真传，楚王曾专门派铸剑师风胡子前往吴越拜见铸剑大师干将、欧冶子，虚心求教铸剑技术，所以楚式剑和越式剑的剑身形制几如孪生兄弟。到目前为止，已出土的先秦青铜剑大半是楚国的。战国初年，越灭吴。战国中期，楚灭越。从此，吴越的铸剑绝技为楚人所用，楚国的青铜剑也就“无与争锋”了。

在楚地出土的越王勾践剑

在楚地出土的吴王夫差矛

楚人对其他文化的吸收，不仅限于中华之域，对于域外如南亚、西亚乃至地中海地区的优秀文化，他们同样虚心吸纳甚至模仿，为我所用，河南固始侯古堆1号楚墓等地出土的“蜻蜓眼”玻璃珠，就是最好的物证。

说“蜻蜓眼”玻璃珠原出地中海，并非无迹可寻：首先，固始侯古堆1号墓出土“蜻蜓眼”玻璃珠的成分，与中国古代固有玻璃的成分全然不同，中国古代玻璃含铅、钡较多，而固始侯古堆1号墓出土的“蜻蜓眼”则是以钠钙化合物为主要成分的石英砂烧制的，含钠钙氧化物较多。其次，“蜻蜓眼”玻璃珠的色彩、纹饰也与中国传统的色彩、纹样迥异，但在南亚和西亚以及地中海地区，这类色彩、纹饰则屡见不鲜，尤其是地中海沿岸，其蓝白相间的色彩纹饰几乎是地中海沿岸蓝天白云、碧水白帆、青山白石、绿窗白墙的生动写照。与此同时，湖北随州擂鼓墩1号墓出土的173颗“蜻蜓眼”玻璃珠，经检测同样属于西方制造；装饰在越王勾践剑柄部的淡绿色玻璃，经检测确证也是南亚或西方的舶来品。

“蜻蜓眼”玻璃珠由地中海经南亚、西亚传到楚国后，因其独特的花纹、鲜亮的色泽为楚人爱不释手，争相用来做头饰或配饰之物。如此一来，进口“蜻蜓眼”玻璃珠从数量上显然难以满足大多

“蜻蜓眼”玻璃珠

数楚人的需求，敏锐的楚国工匠发现了其中的商机，开始利用中国传统玻璃工艺仿制“蜻蜓眼”玻璃珠。据文献记载，曾侯乙就曾经命人“以药为珠”，即烧料作珠。仿制过程中，出于自己民族的审美偏好，楚人添加了自己喜爱的传统纹样如菱形纹等。

“蜻蜓眼”玻璃珠体量虽小，却是中国境内已知年代最早的中西文化交流的信物，扮演着联络东西方两大世界信使的角色，意义非同寻常。更值得人们关注的是，东方的楚国与西方发生文化互动，比汉武帝时期张骞“凿空”西域的壮举要早出将近四个世纪。

（二）泽被四方

楚人在吸收其他诸侯国文化及域外文化的同时，也不间断地输出、传播自己的文化。从长江中游传播到长江下游，从淮水上游传播到淮水中下游，从长江流域传播到黄河流域，从长江流域传播到珠江流域，楚文化大有泽被河泗、席卷江淮之势，甚至远达域外的阿尔泰山西麓。

考古发掘表明，凡楚人足迹所至之处，当地的土著器物会不同程度地渗入楚器的一些特征。特别是楚军在长江中下游呈扇形向东南推进的同时，既带去了戈、剑、弩、盾等军事器械，也带去了耒、镰、笔、镜等生产生活用品，还有楚人特有的金币——郢爰，楚文化以独特的方式感染着周围的文化。

至少从春秋中晚期开始，随着楚人北上武力扩张，楚文化也开始潜移默化地向中原地区辐射，楚式镜的北传就为我们传达了这一信息。

中国是世界上最早制造和使用铜镜的国家之一，自古以来就以高超的铜镜制作工艺闻名于世。战国时期，楚国铜镜以其绚丽多姿的纹饰、精致轻巧的形态达到了当时青铜工艺的高峰。楚国铜镜以圆形为主，亦有少量方形，具有胎薄、卷边、三弦纽（或称川字纽）等特征。其装饰花纹多采用主纹和地纹相结合，即双层纹。主纹有山字纹、双菱纹、禽兽纹、蟠螭纹、花叶纹、连弧纹等，其中山字纹最具特色。所谓山字纹，就是纹饰酷似“山”字，有三山、四山、五山、六山等数种，“山”字之间常配以花瓣纹或草叶纹，在所有铜镜中鹤立鸡群。而最令人称奇的是，山字纹铜镜的“山”字或一律左旋，或一律右旋，充满着动感。而“山”字呈方形象征地，铜镜为圆形象征天，二者相合即天圆地方，故手握一枚山字纹铜镜，宛如手握广大无垠、旋转不息的宇宙，楚人大象无形的气度恍若充溢于这枚铜镜之中！

楚国山字纹铜镜

随着楚文化对中原文化的影响日益加深，大量的山字纹铜镜传入中原地区，如 20 世纪 30 年代末，河北易县就出土过一些山字纹铜镜的范模。由此可见，在吸收中原文化的同时，楚文化也如春风细雨一般浸润着中原大地。

在楚国鼎盛时期，巴蜀地区基本上处于楚国势力范围的包围圈中，楚文化对巴蜀文化的影响不言而喻，仅从巴蜀地区某些该时期的墓葬形制与习俗、出土器物形制与组合等方面，即可获得真切的感受。秦灭蜀以前，在东周列国中，楚文化对蜀文化的影响远在其他国家之上。

而楚文化对吴越文化的浸染，则可以从南京和上海这两座著名都市的别称中窥其端倪。

南京又名金陵，这是南京地区最早出现的唯一于史有征的城邑。据文献记载，战国晚期，楚人在今南京市区清凉山置金陵邑。唐人李吉甫《元和郡县图志》说："石头城，在县西四里，即楚人之金陵城也。吴改为石头城，建安十六年，吴大帝修筑，以贮财宝军器……"另《宋齐闻录》亦云："金陵即今之南京，战国楚威王时，以其地有王气，埋金以镇之，故名。"李吉甫曾任唐朝宰相，熟悉历代图籍掌故及地理沿革，他认为今南京市本楚金陵邑故地，当非无据。

今南京市及江苏省大部，春秋时属吴国领土，后越国灭掉吴国，遂纳入越国的版图，之后楚国又击溃了越国，原越国本土及其所并吴国领土都成了楚国的疆域，今南京地区也就自然划进楚国的舆地。对此，不断出土的江苏考古发现提供了实物证明，如在江苏省高淳、句容、江宁、宝应、沛县、丹阳等地都发现了楚国金币郢爰，特别值得注意的是，在南京市公园路也发现了楚国金币郢爰。南京及其周围各市县较普遍发现的楚国墓葬和文物，说明包括南京在内的今江苏大部在楚国灭越后全部并入了楚境。

楚国金币郢爰

此外，从金陵之命名来看，也符合楚人命邑惯例。楚人命邑，对“陵”字尤有好感，如有文献可考的缀以“陵”字的楚邑大致有西陵、召陵、兰陵、长陵、养陵、造陵、竟陵、广陵、鄢陵、夷陵等，且凡缀有“陵”字的城邑，必为经济、文化和军事重镇，这与金陵邑当时的地位恰好相符，应当不会是偶然的巧合。

所以，从楚金陵邑被后人直接用作南京的别称这一现象，不难想象楚文化在江淮地区流被之广和蕴蓄之深。

上海，别称申，上海市境内的黄浦江，又称黄歇浦、春申江，简称申江，凡此种种称谓，无不与战国“四大君子”之一的楚国令尹春申君黄歇发生关联。据《史记》记载，楚“考烈王元年，以黄歇为相，封为春申君，赐淮北地十二县”，后又在春申君的请求下改封其于“江东”。据后世学者考证，春申君后期封邑以今苏州为中心，今上海属于春申君后期领地“江东”范围。越来越多的考古发现也表明，战国晚期今上海西南部地区皆为楚地，上海青浦等地就发现有楚国墓葬和文物。另据文献记载，春申君曾在其封邑范围内开凿了多条人工运河，所以后人多认为今黄浦江也属于当时春申君黄歇主持修建的水利工程之一，黄浦江之名也因此而来。总之，透过上海的简称和黄浦江的一系列别名，人们看到的是楚文化在上海这个当今中国最大城市胚胎形成中的基因作用。

同样，楚文化对岭南地区的影响由广州的别称可见一斑。广州别称五羊城，又名穗，其得名与两则传说有关。晋代一部志书记载，战国中晚期广州一带属楚，曾有五羊衔谷至此地，地方官员以此为祥瑞，于是将此地命名为五羊；唐代一部杂记也说，古时有五位仙人，分别手执稻穗乘五色羊降临此地，此即五羊城之由来。尽管两种文献的记载不尽相同，但都锁定在羊的身上则是高度一致。

据文献记载，楚人姓芈。楚人为何姓芈，据有关专家研究应与羊有关。楚人嫡祖季连的母亲本是以羊为图腾的羌人之女，楚姓芈的发音恰是羊鸣之声。正因为楚人嫡祖姓芈，所以在异族人眼中，芈即羊，是楚民族的代称。所谓“五羊衔谷”或“五仙人持稻穗乘五色羊”的传说，就是楚文化向以广州为中心的岭南地区传播的民俗孑遗。

实际上，考古发掘材料也证实了战国晚期广州已为楚人所控。考古专家在今广东德庆、四会、肇庆、广宁、罗定等地都发现有楚国风格的青铜器，这些楚文物，当是楚文化染濡广州留下的痕迹。

楚对岭南的开发和影响，有助于南方各族的融合，进而加速了南北各族的融合。事实证明，楚人不断南下的过程，也就是囊括、融合南方夷越的过程。自春秋以来，楚人南达五岭，西入川黔，北濒黄河，东抵海滨，统一强大的楚国既是南方各族融合的中心，又是联系江、淮、河、湘各个族系的纽带，更是南北文化交流互动的强力推动者，实际上成为南北各族融合的驿站。这无疑为此后我国大一统多民族国家的形成，准备了比较充分的条件。

楚国与南亚文化的交流，主要是通过一条穿越横断山脉的南方丝绸之路。这是中外交通史上的第一条丝绸之路，它的东段的起点正是楚国，终点是南亚。

古印度学者曾著有《政论》一书，书中说当时印度已有从“支那”贩运过去的“成捆的丝”。据有关学者考证，此处“支那”即指荆楚，古印度来自“支那”的丝织品，应该就是楚国的产品。楚国的丝绸，从楚国腹地江陵出发，经由长沙过沅水入黔，再进入滇池地区，然后越过横断山脉，经过缅甸北部，最终到达印度。与此同时，来自印度的“蜻蜓眼”玻璃珠也经由这条商路来到楚国。南方丝绸之路的影响力虽然比北方丝绸之路小，但其年代却比北方丝绸之路早，它是我国于史有征的最早的一条中外文化交流通道，在中西文化交流史上占有重要地位。

楚国的丝绸不仅朝西南方向远销到印度，还朝西北方向远销到阿尔泰山西麓。20 世纪 50 年代，在今俄罗斯境内阿尔泰山西麓乌拉干河流域巴泽雷克地区，发现了一座相当于战国时代的游牧民族的墓葬，出土了一些丝绸。这些丝绸的图案与江陵马山 1 号战国楚墓出土的丝绸的图案极为相似，同时出土的器物有楚国特有的山字纹青铜镜。由此可以断定，这些丝绸和铜镜只能来自楚国。

马山 1 号战国楚墓

（三）有容乃大

楚文化之所以能海纳百川、泽被四方，主要在于楚人有异乎寻常的开阔视野和博大胸怀，为人处事，尤善包容。晋国公子重耳流落楚国，楚成王以最高礼节接待他，盛宴将尽之时，成王问重耳："公子将来回到晋国，打算怎样报答我呢?"重耳说："美女、玉帛，君应有尽有；珍稀物产，都出于楚国，晋国能得到一点点，不过是贵国剩下的，我能以什么报答您呢?"成王执意问道："即便是这样，我还是想知道您以什么方式报答我。"重耳说："如果托您的福，我真的能回到晋国，那么，当晋楚交兵，我一定退避三舍。若您志在必战，我也只好舍命相陪了!"令尹子玉见重耳霸气初露，建议成王杀死他，以绝后患，成王却不允许。因为在成王看来，宁人薄我，勿我薄人，尽管这位过着流亡生活的晋国公子居然心雄万夫且语藏机锋，但作为东道主，还是应有宽容的心态和长远的眼光。

楚人大象无形的开放气度，与楚国所处的地理位置不无关系。立国之初的楚国，位处豫西南、鄂西北一带，东边的桐柏山、大别山和西边的秦岭形同锁钥，控扼着楚国的南北交通，唯有连接南阳盆地的南襄夹道是一条天造地设的走廊。可见，楚国地处险厄之地，不进则退，不兴则亡。处于希望和危机并存的环境中的楚国，不得不奉行开放的方针，地不分南北，人不分夷夏，只要是优秀的文化元素，一概兼收并蓄。而楚文化不断地被其他文化浸染、渗透与泽被的同时，又对其他文化进行凝聚、化合与辐射，最终形成中华文化景观中一条波光粼粼的星河。

在立国800余年后，楚国最终还是悲壮地宣告谢幕，未免令人扼腕叹息。然而，随着光阴荏苒，楚文化的魅力愈发惊艳，楚国大象无形的开放气度的巨大张力与日俱增。

汉代末年，因为楚郢都故地荆州安定祥和，经济繁荣，中原巨族、文人学士和黎民百姓纷纷南下，其中避乱的士人大多云集于荆襄，大批图书典籍也随之而来，学术中心遂由洛阳南移至此，士人们或校注典籍，或著书立说，荆州学术呈现出云蒸霞蔚的景观，影响及于海内，荆州学派横空出世。荆州学派的强势崛起，当是荆楚文化包容开放气度的精彩绽放。

六朝时期，长江中游一带西曲流行。西曲主要产生于宋、齐、梁三代，多反映男女恋情，清新活泼，朴素自然，对后世特别是唐代诗歌产生过积极影响，“酒隐安陆，蹉跎十年”的“诗仙”李白、“风流天下闻”的著名的山水田园诗人襄阳人孟浩然，均曾拟作西曲。西曲的流行与传承，不能说不是荆楚文化包容开放气度的又一次完美展示。

唐朝胸襟宽阔，气势宏大，政治上兼容各族，文化上并包百家。荆楚的民风和士风，尤为自由活泼，经过中国传统文化改造的佛学，就诞生于荆楚东部的黄梅东山。禅学的南、北两宗，就是从东山寺形成并分流的，据《五灯会元》记载，其间有一段脍炙人口的公案。

> 某日，弘忍命徒众作偈（义同颂），借以物色传人。上首弟子神秀作偈曰：
>
> 身是菩提树，心如明镜台。
>
> 时时勤拂拭，莫使惹尘埃。
>
> 弘忍觉得神秀的偈作得不错，但还略嫌不足。有一个在碓房里做事的卢姓行者是文盲，听同学读神秀之偈后说：“美则美矣，了则未了。”夜里，他请别人照他口述代写，在神秀题偈的廊壁上也题了一偈，文曰：
>
> 菩提本无树，明镜亦非台。
>
> 本来无一物，何处惹尘埃？
>
> 弘忍见此偈，猜到作者是卢姓行者，于是，“潜诣碓房，

问曰：‘米白也未？’（意思是你明白了吗？）卢曰：‘白也，未有筛。’（意思是我已明白，只是没有师父指点。）祖于碓以杖三击之。卢即以三鼓入室……”弘忍传衣法给这个卢行者，还对他说：“昔达摩初至，人未之信，故传衣以明得法。今信心已熟，衣乃争端，止于汝身，不复传也。且当远隐，候时行化。所谓受衣之人，命如悬丝也。”又说：“逢‘怀’即止，遇‘会’且藏。”卢某当夜便捧衣南行。据说，弘忍的徒众获悉卢某得衣法而去，“即共奔逐”，而莫能及。卢某回到家乡岭南，隐于粤西的怀集、四会。

弘忍像

仪凤元年（676 年），卢行者在南海法性寺听印宗法师讲《涅槃经》，就睡在寺中廊庑下。黄昏，风吹幡动，卢行者听到两个僧人对论，一个说是幡动，一个说是风动，各不相下。卢行者插话说：“风幡非动，动自心耳。”事有凑巧，印宗法师听到了这话，“竦然异之”。次日，印宗法师问卢行者风幡之义，卢行者的回答使印宗肃然起立。印宗获悉卢行者是弘忍的传人，大惊，称之为“肉身菩萨”，而自称“凡夫”，执弟子之礼。数日后，印宗为卢行者削发。从此，卢行者才正式出家，而以慧能禅师见称。

慧能像

韶州（治今广东韶关西）刺史韦据请慧能在大梵寺讲法，经门人记录成书，名曰《坛经》。此后，慧能在韶州曹溪的宝林寺弘扬禅学，从其学者不下千数。唐中宗敕改宝林寺为中兴寺，未几又赐额曰“法泉寺”。

慧能开创的是南宗禅，其师兄神秀开创的是北宗禅。
明清时期的湖北艺术，则以汉调的成就最高。汉调又称楚调，诞生于市井村野，是一种以西皮、二黄两大声腔系统为主题的地方戏曲。西皮源出秦腔，西指陕西，皮乃湖北俚语，意为唱词。明末清初西皮传至江汉平原，与当地民间曲调相结合，进而形成了新的唱腔。西皮形成之际，正值长江中游新的唱腔二黄出现之时，二者交相会融，最终定型为皮黄。汉调在发展过程中兼收并蓄，博采众长，在西皮和二黄合流的过程中，并收了昆山腔和弋阳腔。明末，汉调已趋完善，演技娴熟，传播日广。清代，汉调进一步发展。嘉庆年间，湖北著名汉调生角米应先、余三胜、王洪贵、李六等先后来到北京，加入春台、和春等徽班，成为戏班的台柱，名驰京师。

汉调艺人搭入徽班后，将汉调声腔曲调、表演技能、演出剧目融于徽戏之中，使徽戏的唱腔板式日趋丰富完善，唱法、念白更具北京地区语音特点，更易于京人接受，一时京城盛传“班曰徽班，调曰汉调”。徽汉合流，为京剧的诞生孕育了胚胎。此后，在京剧的形成与发展过程中，来自湖北的戏曲艺人更是功不可没，其中余三胜就被尊为京剧的主要奠基人之一。同样从湖北进京的谭鑫培、余叔岩也都是名动京城的一代名伶，对京剧的发展贡献尤多。所以，荆楚地区代表性剧种汉调不仅对京剧的形成有开山之功，更是荆楚文化包容开放的气度在艺术领域的光辉实践。

谭鑫培

余叔岩

近代湖北的发展，更是得益于包容开放的优秀传统，如张之洞大力推行“湖北新政”，教育与科技比翼齐飞，武备与民生齐头并进，江城三镇风生水起。美国国会图书馆至今还保存着1904年清政府运往美国参加万国博览会的出版物，其中绝大部分来自湖北，包含崇文书局刻印的典籍、湖北洋务译书局的译书等。博览会结束之后，清政府将其作为国礼赠送给美国，其中的翻译类书籍，就充分显示出楚国故地湖北对于世界的开放心态和认知水平。

（四）润物无声

文化开放是历久弥新的一个话题，在文化建设中有着十分特殊的地位。改革开放特别是党的十六大以来，我们党始终高度重视文化开放工作，做出了一系列重大决策，采取了一个又一个战略举措。

党的十六大强调要立足改革开放和现代化建设的实践，着眼于世界文化发展的前沿，发扬民族文化的优秀传统，吸取世界各民族的长处；党的十六届五中全会进一步提出要积极开拓国际文化市场，推动中华文化走向世界。

党的十七大强调要加强对外文化交流，吸收各国优秀文明成果，增强中华文化的国际影响力；党的十七届六中全会明确提出要提高文化开放水平。

党的十八大强调要扩大文化领域对外开放，积极吸收借鉴国外优秀文化成果；党的十八届三中全会通过的《中共中央关于全面深化改革若干重大问题的决定》指出，从全面建成小康社会、实现中华民族伟大复兴中国梦的全局出发，把提高文化开放水平作为全面深化改革开放的重大任务，做出一系列战略部署。

党的十九大强调在对外开放的进程中，要扩大对外文化交流，通过文化创新有效转化文化资源，积极发展文化产业，输出中国的文化产品，增强文化自信。在“一带一路”建设过程中，应通过文化交流的形式与“一带一路”沿线国家更好地往来合作，推动海内外联动、东西双向开放的全面开放新格局的形成。

这些重要论述和决策部署，从战略全局上指明了新形势下文化开放的目标方向，深刻揭示了提高文化开放水平的重大意义。

身处全方位开放的时代前沿，只有开放，文化的力量才能更强大；也只有开放，文化的影响才能更广泛。

楚文化广采博纳的开放精神与我国的文化开放政策是相吻合的。楚文化并未因楚国的远逝而黯然失色，它与我们的生产生活息息相关，如武汉一城所拥有的三大火车站，武昌站楚文化清风扑面，汉口站欧式风格彰显，武汉站现代气息浓郁，三站建筑风格迥然不同，却和谐共生，依稀可见昔日楚人包容开放的恢宏气度。

开放是时代精神之一，也是先进文化内容之一。楚文化积淀了楚人最深沉的精神追求，包含了楚人最根本的精神基因，代表着荆楚大地独特的精神标识。楚文化以海纳百川的磅礴气势和兼收并蓄的博大胸怀，曾经奏响时代的强音，为中华民族发展壮大提供了精神力量，为人类文明进步做出了不可磨灭的贡献。在新时代，我们要弘扬楚文化精神，延续楚文化血脉，传承楚文化基因，巩固楚文化根基，同时也要讲好楚文化故事，激发楚文化能量，使楚文化因兼收并蓄而丰富多彩，因博采众长而经久不衰，为实现中华民族的伟大复兴做出荆楚贡献。

三

一鸣惊人的创新意识

“一鸣惊人”源自楚庄王以鸟自况，意为此鸟不鸣则已，一鸣就将声震长空、惊撼众生。他借此以表达自己致力于振兴楚国的宏大气魄和冲天豪情。这也恰好是楚人创新意识的象征，因为唯有创新，才能做出惊天动地的业绩。

为了穷原竟委，我们不妨把目光投向楚庄王即位时的楚国。

公元前613年，楚穆王逝世，其子熊侣（旅）继立为王，他就是著名的楚庄王，其时年不满20。

楚庄王即位时，楚国外有劲敌晋国强兵压境，北疆告急；内有贵族野心勃勃，政局动荡。朝廷大臣或互相倾轧、明争暗斗，或有心无力、明哲保身，总之是内外交困，势若危卵，严峻地考验着这位年轻的君主。庄王为此忧心如焚，常常叹息道：满朝文武大臣虽多，却不知能够派上用场的会有几人？

为了辨识忠奸，经过一番慎重思考，楚庄王决定采取以静观动、先抑后扬的策略，上演了一出看似荒唐，实则睿智的“宫廷闹剧”。司马迁在《史记》中记下这场“闹剧”的始末：

楚庄王开始不出号令，不理朝政，整天沉溺于声色犬马，任由溜须拍马、徇私枉法之辈胡作非为。有的大臣实在看不下去，就去劝谏楚庄王，却被骂得狗血淋头，楚庄王甚至下了一道禁令：“自今日始，有敢强谏者，杀无赦！”

虽说禁令让不少人噤若寒蝉，但总有不怕死的忠义之士，一位叫伍参（一说伍举，应以伍参为是）的大夫就决心冒死进谏。

楚庄王正在宫殿里寻欢作乐，见伍参走了进来，厉声问道：“你来干什么？”

伍参说：“有人让我猜个谜语，我猜不着。大王聪慧过人，想请您帮我猜猜。”

喜欢猜谜的楚庄王听说要他猜谜语，顿时来了兴致，连忙说：“你说出来听听。”

伍参说：“楚国的一座山上，伫立着一只大鸟，身披五彩，样子挺神气。可奇怪的是，它一停三年，不飞也不叫，这究竟是一只什么鸟呢？”

楚庄王心里非常明白伍参的意思，但他却不动声色，若有所思地说：“三年不飞，飞将冲天；三年不鸣，鸣将惊人！”意思是说：这可不是一只普通的鸟，它不飞则已，一飞就将冲向天际；它不鸣则已，一鸣将要惊煞众人。他说完很不耐烦地把手一挥说：“你去吧，我知道了。”

伍参见楚庄王明白了自己的良苦用心，乘兴而还。

过了一段时间，楚庄王还是没有丝毫改变，照样寻欢作乐。另一位大臣苏从暗中着急，又不计安危去劝说楚庄王。楚庄王问他：“你难道不知道我下的禁令吗？”

苏从说：“我当然知道，但只要大王能够听进我的话，就是杀头，我也心甘情愿。”

楚庄王突然转怒为喜，一脸恳切地说：“你和伍参都是真心为国家着想，我哪里会不明白呢？”他当即下令撤去酒筵，赶走舞伎，罢免和杀掉那些劣迹斑斑的佞人，选拔和重用一批忠正之士，并特别委任伍参和苏从担任要职，辅助自己处理国家大事。

楚庄王这种示人以假象，暗察忠奸以整饬吏治的韬略，正是这位年轻国君的睿智机敏之处。

可以这么认为，楚国之所以能在诸侯林立、强国并起的春秋舞台上称霸中原、傲视群雄，与楚人一飞冲天、一鸣惊人的过人胆识与惊世豪气密切相关。

一飞冲天、一鸣惊人精神不啻显示出楚人的远大志向，更是楚人革故鼎新、标新立异创新意识的体现。创新是一个民族进步的灵魂，楚民族就是一个极富创新精神的民族，他们自称“我蛮夷也”，从不羞于模仿和借鉴中原列国，却又耻于跟在其他诸侯后面亦步亦趋。对于其他民族的文化成果，楚人虚怀若谷，广采博取，并根据自己的喜好和实际需求加以创新升华。正是因为如此，楚人才能够在政治、经济、科技、文化等诸多领域戛戛独造，屡有惊人之举。

（一）革故鼎新

楚国在政治方面的革新是全方位的、开创性的，如首创县制、吴起改革等，无不是中国古代政治制度发展史上的经典案例。

至国君熊通即位时，楚国已不再是一个“土不过同”的弱国小邦了，它自荆山南向进入汉水西侧的江汉平原，吞并了一批蛮夷部落方国，南达长江，东抵汉水，一举成为汉水西部首屈一指的国家。

公元前706年，汉水东部大国随国（亦即曾国）因天灾减收，随人缺衣少食，熊通抓住这个机会，发动了谋划已久的对随战争。他亲自统率楚国精锐的车兵和步兵，浩浩荡荡，剑指随都。随侯见楚军兵临城下，顿时手忙脚乱，赶紧派人前去斡旋，问熊通为何要攻打随国。熊通毫不掩饰地回答道："我蛮夷也，今诸侯皆为叛相侵，或相杀，我有敝甲，欲以观中国之政，请王室尊吾号。"其意思是说：我们楚国在蛮夷之地已经困居很久了，眼下诸侯们都背叛王室互相侵伐，战乱不已，而我有强大的军队，完全有条件参与中原的政事，你们应该主动请求周王室授予我应有的尊号。随侯尽管心里很不情愿，但迫于压力，还是勉强应允了，熊通也没有再为难随侯，当即收兵回国。为遵守诺言，随侯亲自跑到洛邑（今河南洛阳）对周王说："今楚国强盛，雄踞江汉，已与下臣盟誓，愿为王室效劳，请求加封楚君以王号。如不加封，楚必伐随，进而进犯中原，恐怕天下将无宁日。"周王断然拒绝了这个请托，随侯只好如实回复熊通。熊通闻言，不禁火冒三丈，怒气冲冲地说："我楚国先君鬻熊，曾被周文王用为谋臣，奉为师长，是西周的开国功臣。没有我先君辅佐，哪有你周室？可周成王分封诸侯时，只给楚国封了个子爵，这太不公平。如今楚国地广民众，已是一个十足的大国了，周王室竟然不仅不加封，反而鄙视我们，真是忘恩负义！既然你周王室不给加封，那我就自尊为王。"公元前704年，熊通自立为王，是为楚武王。

按当时礼制，熊通称王是公然的僭越，周室虽然恼怒，但也无可奈何。熊通成功称王，开诸侯自行称王的先河。楚国不拘于周礼，充分显示出其特立独行的胆识与魄力。

春秋时期，各国诸侯仍采用周朝旧制分封土地，即国家把土地分封给诸侯，诸侯又将土地分封给各级贵族。楚国早期当然也延续周朝旧制，除了楚君直接控制的国都和离宫禁苑，其他土地也分封给贵族作为采邑。

到了楚武王时期，这种沿袭多年的分封制在楚国发生了巨大的变革。楚武王为了增强国家的实力，与正在兴起的各诸侯国抗衡，大胆地采用了一项对后世影响深远的国策，即在对外扩张中新获得的土地，不再分封给贵族作为采邑，而是直接设立为县邑，中国历史上最早的县——权县就是这一重大创举的产物。

权国臣民是商代中期以后南迁殷人的后裔，被周朝封为权国，其辖地在今湖北当阳与沙洋交界处，位于楚国南面，国土不广，实力不强，在江汉群蛮中形影相吊，难免成为楚人鲸吞的首个猎物。

楚国灭权的确切时间难以考定，大致在楚武王三十四年至五十年（前707—前691）之间。随着权国的倾覆，殷人留在长江中游的最后一盏孤灯凄然熄灭了。

事实上，楚国灭权设县还是费过一番周折的。楚灭掉权国后，是沿用周人的旧制实行封邑制，还是打破传统建立新的体制。就这个问题，熊通与大臣们展开了激烈的争论，最终，熊通决定不再将权国故地作为食邑分封给贵族，而是将其改设为权县，作为楚王和中央政府直接掌控的一级地方行政机构，由楚王派人担任权县县尹（公）。县尹（公）是权县的最高行政长官，负责权县的一切行政事务，并对楚王和中央政府直接负责，县尹（公）不得世袭，由楚王和中央政府根据需要随时任免。

其实，西周原本也有县，但那种县只是泛指国都之外的边远地区，不构成一个行政区域。以县为一级地方行政机构，是楚国政治体制上的重大突破。

此后楚人不断灭国，又不断置县，按照惯例委派重臣担任县尹（公），而且把被灭国的公族迁出故土，以确保县治的稳定。

楚国设立县制，是一个卓越的尝试和创举，影响巨大而深远。县的设置，使楚国的政治体制、军事组织、土地占有形式等发生了一系列重大的变化。楚国的政治、经济权力得以真正集中在楚王的手中，加强了楚王对地方的控制力度，为国家的集权夯实了基座。

县的创设是与分封制相对立的巨大变革，县制以地域政治取代了血缘政治，加强了君主专制和中央集权，削弱了世袭贵族势力，有利于国家的强大和民族的融合。因此它一经出现，便表现出强大的生命力，各诸侯国群起效之，县制迅速成为地方行政建制的主流。

据文献记载，在所有诸侯国中，秦是最早效法楚国实行县制的国家。楚、秦设县后，晋、齐、燕也不甘落后，先后采用了县制。秦统一中国后，将郡县制进一步推向全国。至此，县制作为一级行政建制被确立并长期推行。直到当代，县仍是中国的一级地方行政机构。

如果说，首设县制是楚国春秋时期政治领域的重大创举，那么，吴起变法则是战国时期楚国政治领域的标志性事件。

吴起像

楚悼王时期，楚国外有三晋的军事威胁，内有公族的专权乱政，国力渐弱，情势异常危急。

困则思变，不甘沉沦于困境的楚悼王致力于谋求富国强兵之术。正当此时，魏国魏文侯去世，魏武侯继位。

因听信谗言，魏武侯对将军吴起起了疑心。吴起愤而出走，转投楚国寻求发展。

楚悼王素闻吴起贤能，经过一番深入交谈，大有相见恨晚之感，他当即任命吴起为令尹，主持变法。

吴起变法的不少主张可以说是前无古人，如取消贵族特权。楚国爵禄是世袭的，即先辈如因功享受爵禄，后代子孙即使无尺寸之功，仍旧安然承享；相反一些在战争中立下大功者却与爵禄无缘，极大地挫伤了将士的积极性，而这在吴起看来是不可容忍的。《说苑》说，吴起“均楚国之爵，而平其禄，损其有余，而继其不足，厉甲兵以时争于天下”，即吴起取消了世袭的封君及其爵禄，用从封君手中夺回的爵禄去奉养有功将士。同时，吴起下令将被剥夺爵禄的旧贵族迁到荒凉边地，既废除了分封制和世卿世禄制度，又开发了边远荒野之地，增加了国家的赋税收入。

再如整饬吏治。革除无能的官员，剥夺王室贵族的特权，使他们不能徇私枉法。《史记》说：“明法审令，捐不急之官，废公族疏远者，以抚养战斗之士。”同书又说，吴起“罢无能，废无用，捐不急之官，塞私门之请”。这项措施可以削减多余的开支，用以资助报效国家的将士。

又如奖励耕战。《史记》谓吴起“抚养战斗之士，要在强兵，破驰说之言纵横者”，还说他“禁游客之民，精耕战之士”。吴起所采取的都是奖励耕战、提高军队战斗力的措施。

吴起的一系列变法举措取得了非常显著的成效，楚国一度“兵震天下，威服诸侯”，收复了大量失地，并重新加速了对外扩张的步伐，实现了富国强兵的目标。

由于吴起变法损害了贵族集团的既得政治利益和经济利益，从而遭到他们的强烈反对。公元前 381 年，楚悼王病逝，吴起失去了变法最有力的支持者。楚国旧贵族乘机作乱，吴起惨遭射杀，变法运动因此而夭折。

吴起变法比中国历史上著名的商鞅变法还要早30余年，其开创之功，彪炳史册。为了变法革新，吴起付出了生命的代价，成为我国历史上为改革献身的第一人。吴起虽死，但其不畏强权、变法图强的精神永远铭刻在世人的心中。

（二）天工独创

在科技方面，楚人更是殚精竭虑，多有出新之为，尤其在天文历法、铜铁采冶铸造等方面，更不乏创新之举和突破之功。

古人将地球赤道附近的天空划分为二十八个不等的部分，每一部分作为一宿，即二十八宿。最初二十八宿用以标志月亮在一个恒星月中的运动位置，进而推定太阳及其他行星的运行位置，以确定岁时节令，编制历法，指导农业生产。二十八宿的创立，是中国古代天文学上的一项重大成就。但对于二十八宿以及与之相关的四象起源于何时何地，学术界长期争讼不已。

幸有新的发现不期而遇。在湖北随州曾侯乙墓出土的一件漆衣箱盖上，环绕写有二十八宿的名称，中间书有一个大大的篆文“斗”字，在箱盖的两边还分别绘有四象中的青龙和白虎。曾侯乙衣箱天文图中央巨大的“斗”字，旨在突出北斗七星在人们心目中的特殊地位。古人觉得恒星相互间的位置恒久不变，就选择了黄道附近的二十八个星座作为坐标，分为东、南、西、北四宫，每宫七宿，各宫根据其方位所属七星连缀的图形分别配属一种动物的形象，即青龙、朱雀、白虎、玄武四象。

长期以来，学术界一般以《淮南子》和《史记》出现的有关四象的具体记载为依据，把四象出现的时间判定在汉代。随州曾侯乙墓的年代为战国早期，出土于曾侯乙墓的这件天文衣箱上的二十八宿图像，是我国迄今发现的关于二十八宿全部名称的最早记载，也

曾侯乙天文图衣箱

是二十八宿与四象相配的最早记录。它的出土，不仅将我国二十八宿完整体系创立的时间提前了两个多世纪，而且为二十八宿星象起源于中国提供了新的实物证据。

此外，楚人甘德还首次发现了木星的第三号卫星，人称木卫三，比西方早近 2000 年。甘德关于彗星的观测以及火星和金星逆行现象的记录等，在当时世界天文学界无异于石破天惊。

在青铜采冶和铸造方面，楚人的技术创新更是令人叹为观止，这也是楚国青铜采冶铸造技术后来居上的一个极其重要的因素。

自 1973 年铜矿工人在今黄石大冶铜绿山发现一处古矿冶遗址以来，经考古专家数十年的发掘，出土了不同时代、不同结构、不同支护方法的竖井、盲井、斜井数百座，无支护竖井 10 多座、大小平巷近百米和不同时期的各式炼铜竖炉 29 座以及古炉渣 40 万吨，还有一大批不同材质的生产、生活用具。近年来，考古专家又在遗址附近发掘了一批春秋时代的楚人墓葬，尤为令人称奇的是，还发现了采矿工人清晰的脚印。

研究表明，铜绿山古铜矿的开采和冶炼技术已达到相当成熟的阶段：在开采方面，古矿井大都分布在含铜品位高的氧化富集带内，意味着当时的找矿技术比较先进；开凿有竖井、平巷与盲井等，并采用木支护结构进行地下开采，最深处达 60 多米，低于地下水位 20 多米，说明当时已成功地解决了井下通风、排水、提升、照明和井巷支护等一系列技术难题。

大冶铜绿山古矿冶遗址

在冶炼方面，从发现大量的竖炉来看，当时已掌握了鼓风竖炉的构筑、炉温的控制等复杂技术。经对出土的粗铜和炼渣进行化验，发现铜的纯度达到 94%，炼渣的含铜量仅为 0.7%，已接近现代铜矿的冶炼水平。

事实显著表明，铜绿山是迄今为止我国保存最完整、矿石品位最高、采掘时间最长、冶炼技术最先进、生产规模最大的古矿冶遗址，具有重要的历史和科学价值。

曾侯乙墓中出土了一件玲珑剔透的青铜尊盘，由尊和盘两件器物组合而成。尊的口沿是多层套合的镂空附饰，远看像飘浮的云朵，实际是由无数条龙、蛇所组成的镂空花纹，它们相互盘旋环绕，仿佛彩云追月一般。尊的颈部攀附四只反首吐舌、向上爬行的豹，豹身也以镂空的龙、蛇装饰，整个尊体共装饰有 28 条龙、32 条蟠螭。盘的制作更为复杂，除口沿有为蟠龙镂空的纹饰外，盘身的四个把手也是由无数条龙、蛇组成的镂空花纹，把手下有八条镂空的夔龙。盘足为四条圆雕的双身龙，龙口咬住盘的口沿。整套尊盘让人顿生“此物只应天上有”之慨！

曾侯乙青铜尊盘

如此鬼斧神工般的尊盘是怎样铸造出来的呢？学者经过认真研究和反复实验，发现这件青铜尊盘集浑铸、分铸、焊接和失蜡法等多种工艺于一体，器物主体为浑铸，附件为分铸，其中尊和盘口沿的镂空附饰为失蜡法铸造而成，继而根据不同部位分别用铸接、焊接、铆接等多种方法，将附件与主体结合。该器部件之多、铸造之精、焊接之繁，世所罕见。

所谓失蜡法，是指先用蜡做模，继之用耐火的细泥浆浇淋在蜡模上，待干后再淋，如此反复多次，使之硬化，然后焙烧。蜡模遇热便融化流出，最后浇铸铜液形成铸体。曾侯乙墓尊盘的失蜡法铸件工艺奇绝，证明在2000多年前，楚国已经开始使用失蜡法铸造青铜器，而且造型艺术和铸造技术都达到了炉火纯青的境界。

不仅如此，楚国在青铜铸造方面的工艺创新还包括复合剑技术、铸镶工艺、双音钟技术以及最早的合金配比技术等，无一不令人称绝。

楚人在其他方面的革新也所在多有，如楚人发明了中国文房四宝中的毛笔和墨。1954年，在湖南长沙左家公山的一座战国楚墓中发现了一套书写工具，包括毛笔、竹片、青铜削刀以及盛墨的小竹筒。出土时，毛笔套在一根竹管中，笔长18.5厘米、直径0.4厘米、毛长2.5厘米。毛笔笔毛是由兔毛制成的，但不是像今天的毛笔一样插在笔端的圆孔中，而是用丝线紧缠在笔杆的一端，丝线表面经过髹漆，可能是为了美观和防止腐烂。1982年，在湖北江陵九店砖瓦厂一座战国楚墓中，出土了迄今为止考古发现的唯一一块战国墨锭，与墨锭同时出土的还有墨盒、削刀和细木棍，其中细木棍上没有笔毛，推断是毛笔的笔杆。毛笔和墨的发现，在中国书写史上可谓空谷足音。

随着向江汉平原的逐步推进，楚人很快就从楚蛮、扬越、淮夷等土著居民那里学会了水稻种植技术，并将其与中原地区农业生产经验结合起来，从而更好地实现了相地宜与尽地力并行不悖，兼收南稻北粟之利。

楚国地处水乡泽国，在享受丰富水资源的同时，又经常遭受洪涝之灾。因此，在农业勃兴之际，兴修农田水利工程以兴利除弊，已成为当务之急。

于是，楚人修建了一大批水利工程，包括蓄水工程、堤防工程和排灌工程，期思陂和芍陂就是其中最具代表性的两项水利工程。

期思陂位于今河南固始境内，是中国历史上最早的一项大型水利工程，系春秋时期楚人孙叔敖主持修建。

隐居期思期间，孙叔敖了解到期思地区最大的危害是水旱灾害频仍，为此，他决心带领百姓修建蓄水引水工程，造福一方。

当时的实际情况是涝旱并存：期思河水量丰沛有余，与此相反，期思河东面的雩娄河（在今河南固始东南）则水量严重不足，因此期思河流域频频闹水灾，而雩娄河周边则经常出现旱灾。

在充分掌握了这一情况后，孙叔敖不畏劳苦，跋山涉水，勘察地形，争取地方行政官员的支持，广泛发动百姓投入水利工程建设。

在孙叔敖的精心组织下，工程迅速展开，具体方法是利用上

孙叔敖碑

游来水，在泉河、石槽河上游修建陂塘，形成一座大型水库，继而在雩娄河开挖渠道，引水分灌这一带的田地。陂，即堰塘或大型水池，就是利用自然地形而修建的蓄水工程。灌区有渠有陂，上游来水由河入陂，由陂入渠，由渠入田，形成长藤结瓜式的蓄灌网络，真正是毕灌溉防涝之功于一役。

期思陂引水渠和浇灌渠合计长约一百二十里，其下游也仿此开渠引水，不仅免除了水患，更灌溉了数千顷良田，使这一带老百姓广为受益，“家富人喜，优赡乐业”。期思陂因而又被形象地称为“百里不求天”工程。

孙叔敖领导修建的期思陂，充分利用水资源蓄水灌溉，突破此前水利工程只具备蓄积雨水和导引沟水的功能局限，增添了截河蓄洪与分流排灌的功能，是中国有史以来第一个流域性的大型农田水利工程。期思陂不论是渠址选择、地势勘察，还是水量调节、排洪灌溉，都创造了当时农田水利工程的最高纪录。

期思陂作为我国亘古以来第一个社会性的农田水利工程，是我国古代农田水利建设事业上第一座不朽的丰碑，比我国历史上早期的著名水利工程——魏国的西门渠、秦国的都江堰和郑国渠，分别要早约 200 年、300 年和 360 年，真可谓一骑绝尘。

因为主持修建期思陂，孙叔敖显示出过人的学识与才干，他的名声也传到了以选贤任能著称的楚庄王耳中，庄王很快任命孙叔敖为楚国“一人之下，万人之上”的令尹，辅佐其成就霸业。

2000 多年来，孙叔敖领导修建的期思陂纳川吐流，一直发挥着重要作用。1958 年深秋时节，毛泽东主席视察河南期间途经信阳，在火车上接见信阳地委负责人时曾说：“孙叔敖是伟大的水利专家。固始有‘百里不求天’，这项工程就始于孙叔敖治水，你们应该把它修好用好。”

据有关文献记载，孙叔敖主持修建的大型水利工程还有位于今安徽寿县境内的芍陂（安丰塘），因其规模宏大，得以与都江堰、漳河渠、郑国渠并称为我国古代四大水利工程。芍陂经历代修复，至今仍在造福百姓。2015 年 10 月 12 日，在国际灌排委员会第 66 届执行理事会全体会议上，芍陂成功入选世界灌溉工程遗产名单。

为了弥补通江达汉天然航道的不足，楚人还在汉水与长江之间开凿了一条人工运河，史称云梦通渠。云梦通渠比吴国在公元前 486 年开挖的沟通江淮的邗沟早 100 多年，是迄今所知我国最早的人工运河。云梦通渠的开凿，标志着我国古代人民改造和利用大自然的巨大进步，也是楚人一鸣惊人的创新精神的重要见证。

（三）整军经武

楚国从熊绎建国到被秦灭亡的 800 多个岁月里，从一个方圆半百的小国发展为地方五千里的东方第一大国，强大的武备实力不能说不是一个重要原因。在军事方面，楚人同样不拘一格，大胆创新，创造了春秋战国时期“带甲百万，车千乘，骑万匹”的军事强国神话。

工欲善其事，必先利其器。楚人深谙这一道理，所以在兵器改良方面不遗余力，屡出新意。

弩作为中国古代一种发射箭矢的武器，具有射程远、杀伤力强的特点，而这一“神器”正是由善射的楚人发明的。据《吴越春秋》记载：“（楚）琴氏以为弓矢不足以威天下……乃横弓着臂，施机设枢，加之以力，诸侯可服。”说的是楚国一个叫琴氏的射手，认为传统的弓矢杀伤力十分有限，决计着手改进，从而发明了弩。弩克服了弓箭力量不足和拉弓后不能持久、连发的弱点，增大了射程和力度，延长了预射的时间。

在目前已经发掘的楚墓中，有多件弩出土，如湖南长沙、湖北老河口等地战国时期楚墓都有弩出土。从出土实物来看，这类弩主要由铜弩机和木制弩臂两部分组成，考察其功能，应为单发弩。

楚人还在单弩的基础上发明了连弩机。1986 年，湖北江陵一座战国晚期楚墓出土了一件连弩，与短木弓、短矢一起置于墓葬头箱内，这是目前我国发现的时代最早的一件连弩。考古工作者经过复制和试射，称之为“双矢并射连发弩”，因而被人戏称为现代机枪的前身。

弩机

楚国还对战车进行了巨大改进。春秋时期大规模战争多以车战为主，战车在广阔的原野上纵横驰骋，速度快、威力大，但是如果遇上陡坡、田埂、沼泽等复杂地形，战车的优势就变成了劣势，甚至成为累赘。据文献记载，楚庄王从实战的角度出发，将战车改进成“锐上斗下”的形状，号称“楚车”。所谓“锐上斗下”，就是车厢上窄下宽。这样设计的“楚车”重心稳定，不易倾覆，便于驰逐，使用起来更加灵活便利，适用于多种复杂的地形。楚人还对作战的战车进行了全方位的武装。当时各诸侯国战车一般以木制为主，单辕、双轮，很少有装饰铜甲的战车。1983 年，河南淮阳马鞍冢楚墓中出土了多辆战国时期的楚国战车，其中就有一辆带甲战车，车宽 142 厘米、进深 94 厘米、高约 35 厘米，车厢与其他战车一样，均系木条制成。不同的是，这辆战车的车厢栏杆外面镶嵌有 80 块铜甲板，恰好布满该战车车厢的左、右、后三个部分，是一辆名副其实的古代“装甲车”。此外，湖北随州曾侯乙墓出土有两件带矛车軎，前端锋利，两边有刃。这种安装在车厢两端、作为固定车轮的青铜铸件，冲锋陷阵时始终与地面保持平行，成为一种新颖的车载武器，对敌军的步兵和战车均能构成难以防御的威胁。

楚国战车（复原图）

在军制上，楚人也不乏革新。楚庄王时期，楚国对传统军制进行了改革。改革后的军制规定，行军作战时，右军保护主将的车辕，左军负责供应粮草，前军以旌旗开路，后军以劲旅殿后，主将坐镇中军指挥。各军根据不同的旗号分别行动，秩序井然。改革后的楚国军队，作战能力更是今非昔比。

楚国军队在列队行军方面也有别于他国，并由此诞生了一个著名的成语“名列前茅”。其由来就是楚国军队行军时，前哨如遇敌情，则举茅草发出警报，后来便以“名列前茅”指位次居前者。

（四）艺文竞秀

在人文领域，楚人文思敏锐，新意纷披，特别是在哲学、文学等方面，更是惊骇世俗，各领风骚。

楚国在中国哲学方面的巨大贡献突出体现在道家思想的创立。道家是中国古代重要的思想派别，创立于春秋战国，兴盛于唐宋，影响及于后世。出自楚国故地的老子和寓居楚地的庄子是道家学说的主要创立者，合称“老庄”，他们的哲学思想体系被后世尊称为“老庄哲学”。

老子（生卒年不详，约生于春秋晚期），姓李名耳，又称老聃，春秋时期楚国苦县曲仁里（今河南鹿邑）人。我国古代最伟大的哲学家、思想家和道家学派最主要的创始人之一，被后世道教尊为教祖。

老子像

老子的思想主要见于《老子》一书。《老子》又称《道德经》，是中国历史上首部完整的哲学著作，以民间谚语写成，可视之为韵文诗，其中一些名句格言，世代传诵，深入人心，如“道可道，非常道。名可名，非常名”“治大国若烹小鲜”等等。有人曾统计，《道德经》是世界上仅次于基督教《圣经》被翻译语言最多的一部作品。

老子的思想主张是无为，以道解释宇宙万物的演变。《老子》书中包含有老子大量的朴素辩证法观点，他认为一切事物均具有正反两面，并能由对立而转化，如“正复为奇，善复为妖”“祸兮福之所倚，福兮祸之所伏”。他又以为世间事物均为有与无之统一，“有、无相生”，而无为基础，“天下万物生于有，有生于无”。

庄子（约前369—约前286），名周，生于宋国蒙邑（今河南商丘，一说今安徽蒙城），早年迁居楚国，曾任楚漆园吏，因此称庄

庄子像

子为楚人亦可。庄子是我国先秦时期伟大的思想家、哲学家、文学家，是继老子之后道家学说的又一位重要人物。

庄子的哲学思想体现在其代表作《庄子》一书中，其主要思想是“天道无为”，认为一切事物都在变化之中，而道是“先天地生”的。庄子还主张自然的比人为的要好，提倡无用，认为大无用就是有用。庄子主张无为，放弃一切妄为；又认为一切事物都是相对的，幻想一种“天地与我并生，万物与我为一”的主观精神境界，主张天人合一，逍遥自适。在政治上，庄子主张无为而治，反对一切繁政苛制。

老庄哲学思想及由老庄创立的道家学派，以其独特的“道法自然”“道即自然”“清静无为”“柔弱胜刚强”等思想有别于北方的儒家、法家思想，也有别于后来的佛教思想，对中国古代思想文化的发展做出了重要贡献。魏晋玄学、宋明理学都是糅合了道家思想发展而成的。佛教传入中国后，也受到了道家的影响，禅宗在许多方面更是深受道家洗礼。同时，道家思想对中国古代士大夫情怀和历史、文学、艺术以及社会生活等诸多方面都有着潜移默化的影响。

在先秦各学派中，道家地位不如儒家崇高，门徒不如儒家和墨家众多，但随着历史的发展，道家思想以其独特的宇宙观及社会与人生领悟，在哲学思想上呈现出永恒的价值与活力。比如我们经常挂在嘴边的口头禅“你知道吗”“这个事我们一定要讲道理”等等，都与道家密切相关。道家思想影响之广泛深入，达于四海，及于妇孺。

楚人在文学方面的突破与创新，则以屈原的诗歌以及老子、庄子的散文为圭臬。

屈原是中国历史上第一个伟大的爱国诗人，中国浪漫主义文学的奠基人，杰出的政治家和思想家。屈原在南方民歌基础上创造了新的文学体裁——骚体，其代表作是《离骚》，骚体诗指的就是《离骚》一类的诗作。

屈原像

较之以前的诗歌形式，屈原的骚体诗表现出以下全新的文学特征：一是句式上的突破。屈原创造了一种以六言为主，掺进了五言、七言大体整齐而又参差灵活的长短句式，突破了《诗经》类四言体的藩篱。二是章法上的革新。屈原骚体不拘于古诗的章法，他放任自己的思绪，或陈述，或悲吟，或仰天呼号，有发端，有展开，有回环照应，脉络清晰而分明。三是体制上的拓展。屈原以前的诗歌大多只是十多行、数十行的短章，而屈原的《离骚》则长达 372 句、多达 2469 字，是我国古代篇幅最长的一首抒情诗，创立了中国古代诗歌的长篇体制。

在骚体诗艺术手法方面，屈原同样是不拘成规，大胆创新，誉其惊采绝艳绝不为过：浪漫主义的创作方法是屈原作品的首要标志。在屈原之前，中国古典文学艺术创作中的浪漫主义基本上处于朴素的、自发的阶段。从屈原开始，积极浪漫主义创作方法才得到比较自觉的运用，并显示出巨大的艺术生命力。

比兴的巧妙运用是屈原作品的典型表现手法。屈原的作品大量抒发的是政治热情，他在作品中巧妙地运用比兴的艺术，使抽象化的政治热情得到生动具体而丰富多彩的表现。比兴的手法在《诗经》中已广泛运用，屈原对此作了灵活的改进。他所运用的比兴形象不再像《诗经》那样单纯和静止，而是更加繁复丰赡，灵动鲜活。

语言风格鲜明是屈原作品的独特魅力。首先，语言风格华实并茂，屈原在诗中一方面大量运用华美的辞藻，呈现出花团锦簇、五彩缤纷的景象；另一方面他又总是用质朴天然、刚劲坚实的语言形成篇章的肌理。两种语句互相交织，相得益彰，形成一种华美而质朴、多彩而统一的语言风格。其次，是对偶句的锤炼和运用。屈原在诗歌中大量锤炼对偶句，这是诗歌语言发展中的重要尝试与创新，为后来诗、赋、词、曲等各种文学形式语言的运用树立了标尺。

屈原一生留下了《离骚》《九章》《天问》《九歌》等许多不朽的诗篇，后人将其作品辑入《楚辞》。著名文化学者张正明先生指出：

> 屈原以高洁的情操，巧丽的才思，博洽的见闻，无拘无束的想象，以及不懈不怠的革新精神，像庄周驱使着寓言那样，调遣着许许多多的神话、传说、史事，以及天地、日月、风云、雷电、雨雪、山川、神鬼、龙凤、贤士美人、佳花芳草等等，构造出独特的境界，山奔海立不足以喻其壮，鬼使神差不足以喻其怪，国色天香不足以喻其美。叙事纪游，抒情言志，无不开合多变，跌宕生姿，令读者反复咏叹。①

① 张正明：《楚文化史》，上海人民出版社1987年版，第261页。

《楚辞》是继《诗经》之后，对我国文学具有深远影响的一部诗歌总集，“逸响伟辞，卓绝一世”，成为中国文学史皇冠上的明珠。刘勰《文心雕龙·辨骚》对屈原作品的评议是：“气往轹古，辞来切今，惊采绝艳，难与并能。其衣被辞人，非一代也!”如此评价，屈原足以当之。

在中国文学创作的丰碑上，《老子》和《庄子》的成就同样赫然在目。

《老子》虽然是一部哲学著作，但其文饱含诗歌韵律，使深邃思想与优美诗韵相结合，成为韵文体的散文。语言精练、篇幅简短、意旨深远，是《老子》行文的突出特色。诸如“金玉满堂，莫之能守；富贵而骄，自遗其咎”“祸兮，福之所倚；福兮，祸之所伏”等，字字珠玑、朗朗上口，成为千古流传的格言警句。

若论文学成就，庄子比老子甚至有过之而无不及。庄子作品意境开阔，想象奇幻，充满了浪漫主义色彩。庄文是独步千古的奇文，奇在想象、境界、韵味，奇在章法、句式、文采，总之是无所不奇。由于《庄子》散文成就突出，后世将其与屈原《离骚》并称为“庄骚”。鲁迅评价庄子散文说：“其文则汪洋辟阖，仪态万方，晚周诸子之作，莫能先也。”如今人们引用频率极高的名句“吾生也有涯，而知也无涯”“夫哀莫大于心死”“君子之交淡若水”“人生天地之间，若白驹过隙，忽然而已”等锦句，以及“庖丁解牛”“东施效颦”“螳臂挡车”“运斤成风”“鹏程万里”“朝三暮四”等经典寓言，无一不是出自庄子的手笔。

先秦楚国人神杂糅，巫风炽盛，是一片充满玄幻而浪漫的土地，也由此赋予了楚国先民富于想象、充满激情的艺术精神，楚人因此创造了恢诡谲怪的艺术。五音繁会的音乐、翘袖折腰的舞蹈、目醉神迷的美术等，都是楚国先民留给中国艺术史的宝贵财富。流连于先秦艺术圣殿，楚人超乎寻常的艺术想象力和创造力，常常使世人惊叹不已。

楚人尚乐，在先秦诸国中可谓无出其右。据《周礼》记载，西周时已有金、石、土、革、丝、木、匏、竹等八种乐器，史称“八音”，而考古发现则证实楚国已“八音”俱全。在“八音”之中，楚人尤为偏爱“金”类的钟。其中最具有代表意义的是中外闻名的擂鼓墩1号墓出土的一套编钟，即曾侯乙编钟。此套编钟虽出土于曾墓，但其中最重要的一件镈钟则是楚人送给曾侯的礼品，从某种意义上代表着全套编钟的最高水准。曾侯乙编钟共计65件，全套编钟的音域共五个八度，中间三个半八度，十二个半音齐备，是目前世界上已知最早具有十二个半音的乐器，被誉为“世界第八大奇迹”。

曾侯乙编钟

舞蹈是和音乐相伴而来的。长期以来，楚国巫舞十分流行。巫舞实际是原始宗教舞蹈的延续与发展，在楚国长盛不衰。楚国也有文舞、武舞和优舞等宫廷乐舞。无论是民间巫舞还是宫廷乐舞，楚国舞蹈都特别强调舞蹈者的线条美和律动美，以体弯为尚，以长袖为美，以至“磬袖折腰”成为楚舞的代名词。后世著名诗人如薛能的“纤腰舞尽春杨柳”、刘禹锡的“至今犹自细腰多”、汪遵的“贪向春风舞细腰”、白居易的“楚袖萧条舞”等诗句，无一不是对楚舞艺术特色的倾情描摹。

楚人的绘画尤其是帛画和漆画，或精美绝妙，或怪异狰狞，飞扬流动而无拘无束，体现了楚人独特而高超的绘画水平。如长沙子弹库楚墓出土的《人物御龙帛画》和长沙陈家大山楚墓出土的《人物龙凤帛画》中的人物形象，仿佛漂浮在无边无际、无法度量的幻化空间中。湖北荆门包山楚冢出土的漆奁盒上的《迎宾出行图》，通过物象位置的精心安排，准确地传达与生活实感相符的绘画意图，显现出战国楚人执意追求的新趣味和新主题，以及对多彩现实生活的热情。楚人幻想虚拟、夸张变形而又令人游目骋怀的艺术，对汉代以后的中国艺术的影响不可以道里计。

《人物御龙帛画》

《人物龙凤帛画》

楚墓出土的虎座立凤、镇墓兽、虎座鸟（凤）架鼓等雕刻作品，体现了楚国奇幻而独特的雕刻艺术。楚国雕刻艺术品种甚多，无论是石雕、玉雕还是木雕，作品整体造型奇特，气势雄伟，给人以无穷的想象力和感染力，如无丰厚的文化素养、精湛的技艺和创新的思维，要想完成这样大胆新颖、飘逸神秘的作品，几乎是难以想象的。

（五）源头活水

楚国先民一鸣惊人的创新精神不负韶光，代有逸响，后世荆楚儿女将这种优秀特质发扬光大，尽情演绎，在中国历史乃至世界历史上，谱写了一首又一首动人心魄的诗篇。

在盛世唐朝，荆楚大地同样洋溢着蓬勃向上的气象，经济社会全面进步，科技艺文新风氤氲，特别是陆羽《茶经》的面世和蕲黄禅宗的兴起，更是两束投向中华文化长廊的强光。

陆羽，竟陵（今湖北天门）人，勤于治学，精于茶道，笃行不倦，访遍神州，写下世界第一部茶叶专著——《茶经》，被世人誉为“茶圣”，祀为“茶神”。

《茶经》将茶的沿革、种植、加工和饮用的方式、习俗提高到科学总结与系统研究的层面。全书共 3 卷，分“源”“具”“造”“器”“煮”“饮”“事”“出”“略”“图”10 个方面，从茶叶的渊源到种茶、制茶、烹茶之法，以及烹茶器具、名茶产地、品茗之道等，均作了详细的论述，是茶叶科学和文化的高度结晶。

《茶经》首开中国茶道之风。在《茶经》中，陆羽将儒、释、道三教思想的精华和中国古典美学的基本理念融入茶事活动之中，突破了饮茶生津止渴、养身健体的生理功能，把茶事活动升华为富有民族特色的高雅文化——茶道，从而把饮茶引入一个别样的洞天。

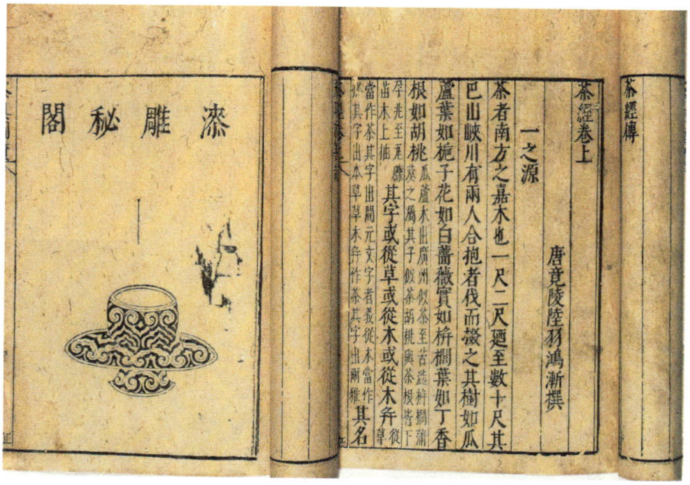

陆羽《茶经》

茶是中华民族的“国饮”，它发乎神农氏，闻于鲁周公，兴于唐朝，盛在宋元，普及于明清，是世界三大无酒精饮料（茶叶、咖啡和可可）之一。《茶经》的面世，标志着中国茶文化的正式形成。宋人梅尧臣说：“自从陆羽生人间，人间相学事新茶。”一本《茶经》，奠定了中国在世界茶文化史上至高无上的地位。

与《茶经》问世相提并论的是禅宗的兴盛。

禅宗又称宗门，是中国佛教的主流宗派，它使佛教中国化和世俗化，深刻地影响了中国佛教以及中华文化。唐宋以后，“禅”甚至成为中国佛教的别称。

据文献记载，佛教随禅宗初祖达摩自印度来到中国后，一直沿袭游化乞食的修行方式。唐代，四祖道信、五祖弘忍先后在湖北黄梅境内的西山和东山开辟道场，开创了定居传法、农禅并修的修行方式，创立“东山法门”，完成了禅宗中国化的进程。湖北黄梅因此在中国佛教史上享有崇高的地位，有“三代禅祖聚蕲黄”“蕲黄禅宗甲天下”等盛誉。著名佛学家赵朴初先生就曾经说过：“中国无寺不禅，禅宗信徒基本源于黄梅。”人们常用“十里三座庙，无处不逢僧”来形容湖北黄梅佛教发展的盛况。在荆楚这片古老的土地上，佛教禅宗四祖道信、五祖弘忍、六祖慧能都在黄梅弘法修行并传承衣钵。禅宗六位祖师，湖北独占其三，这在中国佛教史上可以说是绝无仅有。

黄梅四祖寺

黄梅五祖寺

黄梅毗卢塔

发端于荆楚的禅宗在中国佛教各宗派中流传时间最长，影响范围最广，其要旨已深深渗透于中国思想、文学、艺术等方方面面。禅宗自唐代创立后，迅速流传于日本、朝鲜半岛、越南等汉字文化圈，至今方兴未艾。第二次世界大战后，禅宗引起了西方人的兴趣，许多欧美人士热衷于参禅、学禅，认为禅宗能使人心灵得以净化，禅宗已从楚国故地黄梅东山走向五洲四海。

入宋以后，如同全国大势，荆楚地区逐渐走出晚唐以来的混乱割据局面，社会经济全面复苏。当时，武汉即以商业繁荣著称，江夏(今武汉市武昌）和建康（今南京）、临安（今杭州）并列为南宋三大都会。社会经济的恢复与发展，使荆楚一跃成为全国经济文化中心之一。其中，毕昇发明活字印刷术是当时最振奋人心的文化成就。

毕昇出身于今湖北省英山县草盘地镇一个普通农家，青年时期曾在家乡和杭州等地印刷铺从事印刷工作。作为一个长期从事雕版印刷的工人，毕昇非常了解雕版印刷的缺陷，一直想从技术上加以改进。

毕昇像

在长期的实践中，毕昇总结了历代印刷技术的成功经验，经过反复琢磨，一再试验，终于在宋仁宗庆历年间（1041—1048）制成胶泥活字，始行排版印刷，完成了印刷史上一项重大的革新。

活字印刷术的发明，是对我国劳动人民长期实践经验的科学总结，更是印刷史上的一次伟大革命，毫无愧色地跻身于我国古代四大发明之列，对于中华文明的传承与发展，功莫大焉。

活字印刷术的发明也给世界人类文化的传播开辟了极其广阔的前景。毕昇发明的胶泥活字首先传到朝鲜，被称为陶活字。很快又由朝鲜传到日本、越南、菲律宾等地，而后辗转传入欧洲大陆的德国。1456年，德国人戈登堡用活字印刷了《戈登堡圣经》，这是欧洲第一部活字印刷品，比中国的活字印刷晚了大约400年。活字印刷术经由德国迅速传到欧洲其他国家，促进了文艺复兴运动的勃兴。从13世纪到19世纪，毕昇发明的活字印刷术传遍全世界，并和火药、指南针一起，被马克思称为“预告资产阶级社会到来的三大发明”。马克思说：

> 火药把骑士阶层炸得粉碎，指南针打开了世界市场并建立了殖民地，而印刷术则变成新教的工具，总的来说变成科学复

兴的手段，变成对精神发展创造必要前提的最强大的杠杆。[①]

木活字

典籍皆爲板本慶曆中有布衣畢昇又爲活板其法
用膠泥刻字薄如錢脣每字爲一印火燒令堅先設
一鐵板其上以松脂臘和紙灰之類冒之欲印則以
一鐵範置鐵板上乃密布字印滿鐵範爲一板持就
夢溪筆談卷十八 六
火煬之藥稍鎔則以一平板按其面則字平如砥若
止印三二本未爲簡易若印數十百千本則極爲神
速常作二鐵板一板印刷一板已自布字此印者纔
畢則第二板已具更互用之瞬息可就每一字皆有
數印如之也等字每字有二十餘印以備一板內有
重複者不用則以紙帖之每韻爲一貼木格貯之有
奇字素無備者旋刻之以草火燒瞬息可成不以木
爲之者文理有疏密沾水則高下不平兼與藥相粘
不可取不若燔土用訖再火令藥鎔以手拂之其印
自落殊不沾污昇死其印爲予羣從所得至今寶藏

《梦溪笔谈》记载活字印刷术

明清时期，荆楚人民继续发扬创新精神。明代中后期，汉口镇同河南的朱仙镇、江西的景德镇、广东的佛山镇一起成为中国四大商业名镇之一，武汉成为长江、汉江沿岸和两湖地区最大的农副产品集散地。

1525 年，一代名相张居正在故楚都江陵诞生。张居正自幼聪明伶俐，5 岁入学，12 岁考中秀才，16 岁考中举人，被称为“江陵神童”。明嘉靖二十六年（1547 年），22 岁的张居正考中进士，正式步入官场，开始了他波澜壮阔的政治生涯。

明神宗时，48 岁的张居正出任内阁首辅，前后主政 10 年。在任期间，他力排众议，厉行改革：在政治上，整肃吏治，裁减冗

① 中共中央马克思恩格斯列宁斯大林著作编译局：《马克思恩格斯全集》第 47 卷，人民出版社 1979 年版，第 427 页。

员，加强专制主义中央集权；在经济上，清丈全国土地，推行“一条鞭法”；在军事上，重用戚继光、李成梁等名将，从严治军，平定外患。张居正推行的一系列改革措施，改变了明中期以来政治混乱、财政匮乏的窘境，国势为之一振。

张居正的改革缓和了社会矛盾，促进了经济发展，巩固了明王朝的统治，他因之成为中国封建社会末期最负盛名的政治家，明代思想家李贽誉之为“古今宰相之杰”。当代史学家黎东方先生在《细说明朝》一书中如此评价张居正：他是有明以来唯一的一位大政治家，在中国历史上，恐怕只有诸葛亮和王安石才能勉强与之相提并论。甚至有西方学者称许张居正为古代“中国经济第一人”。

张居正故居

尤其令今人自豪的是，明清两代，一批荆楚学人自成家数、傲然独持、高标一格。他们的学人气度、学术气韵、学问气象，直指中华文化的内核，深刻地影响了中国学术的近代转型。其代表性人物在医药学界有被誉为“药圣”的李时珍，在文坛有“公安三袁”与“竟陵钟谭”，在艺苑有江夏派画家吴伟、书法家张裕钊以及汉调艺人群体，在学术界有杨守敬和王葆心，等等。

明代，湖北出现了一位具有世界影响的医药学家，他就是被世人奉为“药圣”的李时珍。

李时珍出身于湖北蕲春一个医药世家，24 岁起就在家乡行医，很快成为一方名医。在长期的医疗实践中，李时珍发现以往的本草书籍存在着大量错讹、重复或遗漏，决心重新编著一部全新的本草专书。

从此李时珍一边行医一边著述，历时 27 年，三易其稿，耗尽半生心血，于万历六年（1578 年）写成《本草纲目》这部皇皇巨著。

《本草纲目》共 52 卷，190 万字，载方 1 万多个，记药物 1892 种，其中新增药物 374 种，并对每种药物的产地、形状、颜色、气味、功用都作了详细说明，同时附图 1000 多幅，是我国药物学的空前巨著。《本草纲目》还纠正了前人很多药物学方面的谬误，在动植物分类学等多学科领域也有突出成就，并对其他相关学科如生物学、化学、矿物学、地质学、天文学等也贡献尤多。

万历二十四年（1596 年），湖广黄州府青年李建元挑着沉甸甸的一担书籍，千里迢迢来到京师，怀着喜悦而虔诚的心情，将凝聚着父亲李时珍毕生心血的《本草纲目》敬献给万历皇帝。然而，让他万万没有想到的是，等待他的仅仅是一纸圣旨，上面只有冷冰冰的 9 个字：“书留览，礼部知道，钦此。”

李建元《进本草纲目疏》（张秀书）

也许是天道酬勤，社会的反响却与之形成强烈的反差。《本草纲目》发行不久，便风靡神州，洛阳纸贵，很短时间内被翻刻30多次，医家无不以拥有此书为荣。之后，《本草纲目》流传到日本，并被翻印多次，再传朝鲜和越南，十七八世纪传到欧洲，先后被译成德文、英文等多种文字，被进化论鼻祖达尔文誉为“东方医药巨典”和“中国古代百科全书”，在世界医药界久享盛誉。

同医药学界的巨大成就相比，文学艺术界也毫不逊色。其中最引人注目的是文坛的公安、竟陵两派和画坛的江夏派。

公安派代表人物是“公安三袁”，即袁宗道、袁宏道和袁中道三兄弟，因三人是湖北公安人而得名。公安派反对前后七子的拟古之风，主张“独抒性灵，不拘格套”。他们的散文以清新活泼之笔，直抒胸臆，不事雕琢，开拓了中国小品文的新领域。“公安三袁”一母同胞，文学志趣相投，文学主张相同，文学成就比肩并踵，文学作品分则独秀、合则群芳，缔结了中国文学史上的一段奇缘与佳话。

“公安三袁”墓

竟陵派是明后期又一个以荆楚地域命名的文学流派，其领袖是竟陵（今湖北天门）人钟惺和谭元春。竟陵派基本继承公安派的文学主张，强调文学创作应抒写性灵，但又认为公安派末流俚俗、浮浅，因而倡导一种“幽深孤峭”的风格加以匡救。钟惺、谭元春独树一帜，是明代文坛上空辉光闪烁的双子星座，世称“钟谭”。

公安派和竟陵派作家，登高一呼，应者云集，荆楚地区一跃成为明清时期中国文学创作的一方重镇。

在明代画坛，吴伟堪称一位开风气之先的领袖。吴伟善画水墨写意、人物、山水。他取法南宋画院风格，笔墨恣肆，神韵俱足，为明代中叶富有创新精神的画家。其早年画法比较工细，中年后变为苍劲豪放、泼墨淋漓，别创一格，形成兴盛一时的江夏派。他 1505 年作于武昌郡斋的《长江万里图》，是其晚年的山水画力作。全画布局疏朗，笔势纵横：穿云破雾的群山、堆绿叠翠的草木、竹掩花映的村舍、据险扼要的城阙、飞珠溅玉的流泉和烟迷水茫的大江，充分表现出浩浩长江的宏伟气势和灵秀风姿，抒发了画家对祖国山河无限热爱的情怀。其画法是将刚健奔放的勾勒和水墨晕染有机结合，收到了苍莽秀润的效果。江夏派对当时画坛震动颇大，一时间学吴伟者蜂拥而起。吴伟逝世后，由他开创的江夏派余脉不绝，后继者有张路、汪肇、李著等，皆画坛时彦新秀，在中国古代绘画艺术发展史上各擅胜场。

吴伟《长江万里图》（局部）

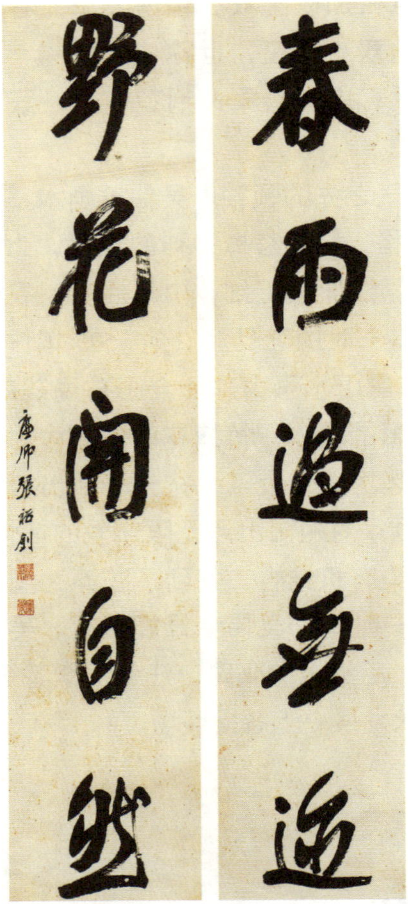

张裕钊书法

如果说荆楚艺坛明代有吴伟，清代则有张裕钊和杨守敬。

张裕钊，字方侯、廉卿，号濂亭，武昌（今湖北鄂州）人。张裕钊是晚清名噪文坛的著名学者，但终其一生，最有影响、最具成就的还是他的书法艺术。其书法源于魏晋，突越唐人，高古浑穆，笔画峭峻，熔北碑南帖于一炉，济刚柔俊逸于毫端，创造了影响晚清书坛百年之久的“张体”，也称“南宫体”，是众望所归的一代书法宗师，与康有为、华世奎、郑孝胥并世而立，被称为“中国近代四大书法家”。

张裕钊的书法艺术享誉海内外，其中来自日本的弟子宫岛咏士追随张裕钊长达 8 年之久，奉学唯谨，深得张裕钊书法艺术真传。张裕钊辞世后，宫岛咏士回国创办善邻书院，传播张氏之学，使“南宫体”在日本风行不衰。

杨守敬，湖北宜都人，在书法艺术和历史地理学、金石学、目录版本学等方面均卓有建树，被称为“晚清民初学者第一人”。

杨守敬最杰出的成就当属历史地理学，在目前发现的杨守敬 91 种著述中，关于历史地理学研究的就达 25 种。清朝著名学者罗振玉曾将杨守敬的地理学、段玉裁的小学、李善兰的算学共尊为清代三“绝学”。杨守敬穷尽毕生精力研究《水经注》，集我国数百年《水经》研究之大成，完成《水经注疏》一书，被誉为“旷世绝学，独有千古”。

杨守敬还与弟子熊会贞合作，编绘了 34 巨册的《历代舆地图》。《历代舆地图》一朝一图，朱墨套印，红色表示今地名、今河流，墨色表示古地名、古河流，古今对照，一目了然。1954 年，毛泽东与历史学家吴晗说到读历史书缺少一部历史地图放在手边，甚为不便。吴晗马上想起杨守敬编绘的《历代舆地图》，恰好符合毛泽东提出的配合读史的需求，便建议把杨守敬编绘的地图予以改进后绘制出版，得到毛泽东的肯定，并成立了以吴晗、范文澜、谭其骧等著名学者为主的“重新改绘杨守敬《历代舆地图》委员会”。

杨守敬像

杨守敬《历代舆地图》

1982年，在《历代舆地图》基础上改绘而成的《中国历史地图集》正式出版，成为史学界的一大盛举。

王葆心像

继杨守敬之后的又一位史学名家是王葆心。

王葆心（1867—1944），字季芗，号晦堂，湖北罗田人。近代著名方志学家、文献学家、藏书家，特别是在方志学方面，有继往开来之功，是现代方志学的奠基人。他撰写的《方志学发微》一书，是我国方志学领域的开山之作。王葆心病逝后，董必武题写了“楚国以为宝，今人失所师”的挽联以示推崇惋悼之情。

留学日本时期的李四光

在中国现代史上，荆楚地区出现了一个被誉为“地质学之父”的杰出科学家，他作为现代科学和地质工作的主要领导人和奠基人之一，创立了活动构造与地应力观测相结合的预报地震途径。这位贡献卓著的科学家就是李四光。

李四光（1889—1971），原名仲揆，湖北黄冈人。童年的李四光学习勤奋，好奇心极强。在他家村头有一块平地兀立的巨石，李四光曾为它的不明来历而困惑。1922 年，已是北京大学地质系教授的李四光在太行山东麓发现了一块块耸立于平原上的类似于故乡村头的大石头，敏锐的李四光经过反复考察分析，终于确认它们是第四纪冰川的遗迹——漂砾。为了进一步证实这一发现，他多次到长江中游的庐山、黄山等地考察，发现了大量冰川遗迹，发表了《冰期之庐山》等著名论文，肯定了第四纪冰川在中国的普遍存在，推翻了国外某些学者“中国第四纪无冰川”的谬说。1933 年，李四光回到故乡，对长期困惑他的那块巨石做了地质鉴定，认为它确实是一块冰川漂砾。在《扬子江流域之第四纪冰川期》这篇论文中，李四光还特地提到故乡那块“使他迷惑不解的时间长达四分之一世纪”的石头，并流露出找到科学答案后的欣慰。

李四光在工作

与李四光在科技上的创新相映生辉的，是曹禺在文学上的重大创获。

曹禺（1910—1996），原名万家宝，湖北潜江人，1910 年出生于天津一个没落的封建官僚家庭。他少年时代有较多机会欣赏中国民族传统戏曲，“临川四梦”自然是他十分喜爱和熟悉的剧作。“五四”新文学运动，又使他有机会接触易卜生的社会问题剧。中国传统戏曲和西方伟大剧作家的作品，给予他丰富的养分。1934 年他发表了第一部话剧《雷雨》，踏上了戏剧创作的道路。此后，他相继写出了《日出》《原野》《北京人》等戏剧作品，而最能体现他歌颂追求个性解放的作品，则是他的早期作品《雷雨》。《雷雨》以大革命的“雷雨”到来前夜的中国社会为背景，以周、鲁两家的矛盾冲突构成主要线索，通过一个带有浓厚封建色彩的官僚资本家庭内部错综复杂的矛盾，尤其是繁漪与周萍之间的冲突，暴露了资产阶级的残酷、虚伪。作者所着力刻画的繁漪，是一个“‘五四’以后‘解放’的资产阶级女性”。她从十七岁被骗到周公馆后，十八年来一直过着冰冷的生活。用曹禺在《雷雨》初版本序言中的话说，这个“在阴沟里讨着生活”的女人，“而心偏天样高”。她在周家受压抑、受侮辱，却偏不屈服，有着一颗“强悍”的心。为了达到所追求的目的，尽管如跌进陷阱的一头小兽，也要作困兽斗，以求精神生命的延续。在“五四”浪潮的冲击下，这个文弱、明慧，受过一点新式教育的旧式女人，萌发了个性解放的要求，企求得到真正的爱情、自由、平等，热情和力量在她心底急剧翻滚。但是，在周朴园牢笼般的家庭里，这一切都被无情地扼杀了。她总想寻求个人主义式的报复和反抗。她把爱情当作生命的全部内容，当作能够浇

曹禺

灌自己枯萎的生命之花的甘泉。为了得到爱情上的满足，她根本不去考虑继母与丈夫前妻之子的伦理关系。一种正当的要求，落到了一种不正当的发展；一种正常的反封建要求，采取了一种异常的反抗方式，这便构成了她命运的悲剧。曹禺对繁漪这个人物的浓墨重彩，充分表露了他对追求婚姻自由、个性解放的热情讴歌和礼赞，显示出其卓越的文艺创造才能。

在中国历史上，爆发于湖北的武昌辛亥首义更是被誉为“振衣千仞”的壮举，足见其开创贡献之巨。

1911 年 10 月 10 日晚，在湖北武昌，革命党人以敢为人先的英雄气概打响了武昌首义第一枪。经过一夜浴血鏖战，起义军终于占领了湖广总督署。到 10 月 11 日上午，武昌全城光复，革命军的九角十八星旗帜在武昌城头上迎风招展。

武昌城头的一声枪响，敲响了清王朝末日的丧钟，古老的武昌有幸成为光荣的首义之城，一场席卷中国大地的变革由此开始，一个民族的伟大复兴之路由此开端。

辛亥武昌首义告捷后，革命党人迅速组建了湖北军政府。湖北军政府是辛亥革命中建立的第一个革命性地方政权，它曾一度代行中央政府的职能，并为其他各省建立革命政权做出了表率。此后湖南、云南、上海等地纷纷效仿成立军政府，其组织形式也大多接近湖北军政府的模式。湖北军政府的成立，对推动辛亥革命在全国的发展意义非凡。

武昌首义胜利的消息，一瞬间传遍中华大地，革命的浪潮迅即席卷全国。首义爆发一个半月之内，全国有 14 个省和上海宣布脱离清王朝的统治。至此，清王朝的崩溃、专制帝制的覆亡，已经成为无可挽回的既倒狂澜。

武昌首义还产生了中国历史上第一部具有近代意义的法律草案——《鄂州约法》。这是中国第一部具有宪法性质的法令。

辛亥革命是中国近代历史上一次伟大的资产阶级民主革命。在中国一步步沦为半殖民地半封建社会，中华民族面临亡国灭种的危急关头，以孙中山先生为代表的革命党人发动了辛亥革命，推翻了腐败无能的清王朝，结束了长达 2000 多年的专制帝制，建立了中华民国。由于历史的局限，辛亥革命依然未能从根本上改变中国半殖民地半封建的社会性质和中国人民的悲惨境遇，然而，它毕竟为中国的社会进步打开了民主共和的大门，其功绩永垂青史。

辛亥武昌首义 8 年后的 1919 年，五四运动爆发，标志着中国旧民主主义革命的结束和新民主主义革命的开端；10 年后的 1921 年，中国共产党诞生，中国革命进入一个前所未有的崭新阶段；38 年后的 1949 年，中华人民共和国成立，开创了中国历史的新纪元。

“能争汉上为先著，此复神州第一功。”伟大的辛亥革命发端于荆楚大地，在中国历史的进程中，武昌首义功在千秋。武昌首义的历史功绩留给荆楚儿女无上的光荣与骄傲，也赋予荆楚儿女敢为人先的气概胆识，是荆楚儿女无比珍贵的精神财富。

岁月不居，精神不死，楚人一鸣惊人的创新精神，日复一日地在中华儿女的血管里奔涌，成为激励中华民族开拓创新、奋发有为的巨大精神潜能。

四

上善若水的和谐理念

上善若水的和谐理念，是楚人十分重要的精神智慧。水汇纳百川，激浊扬清，滋润大地，惠泽万物，处下处卑不居高位，从不与人争夺利益，看似柔弱却往往能够胜过刚强。人们从水所蕴含的道中，发现了许多为人处世和治国理政的道理。要实现社会和谐、家庭和美，消灭人类战争，平息国际争端，人与自然和谐相处等，就需要人们借鉴上善若水的智慧，因势利导，退让谦恭，利他不争，与人为善。

（一）水利万物

薄薄一册《老子》，看上去只有5000多字，却是人类文化史上很难逾越的一座高峰。老子出生陈国，陈亡于楚后长期生活于楚国，其学说和主张，很自然具有鲜明的南方楚国色彩。

《老子》反映的是楚国县民的认知和愿景。楚国县民，是被楚国征伐灭国之后的失败者，他们失去故国，改隶楚国国籍，心中饱

郭店楚墓出土的《老子》简

含黍离麦秀之悲情，对人世间的祸与福、苦与乐有着切身的体验，对故国的先祖神灵有着羞愧的信仰。他们希望楚国的君臣不要改变他们原有的社会结构，不要扰乱他们原有的生活方式，总之是不要无休止地折腾他们，所以老子主张“治大国若烹小鲜”。

因为饱受战乱之苦，所以老子是极力反对战争的，进而反对不义的争斗，反对失序的竞争，主张“无为而无不为”。

老子理想的社会形态是小国寡民，人民“甘其食，美其服，安其居，乐其俗”，代表着弱者的理想和智慧，同时又是刚强无畏的：“强梁者不得其死”，“民不畏死，奈何以死惧之”。

“水利万物”是《老子》上善若水理念的一个闪光点。《老子》

第八章说：

> 上善若水。水善利万物而不争，处众人之所恶，故几于道。居善地，心善渊，与善仁，言善信，正善治，事善能，动善时。夫唯不争，故无尤。[①]

老子在这里表达的意思是，最高的善，就像水一样。水善于滋润万物，而从来不与万物相争。水总是停留在众人所不待见的地方，所以接近于道。善良的人居处要像水那样安于卑下，存心要像水那样深沉，交友要像水那样亲善，言语要像水那样诚挚，为政要像水那样有条不紊，处事要像水那样无所不能，行为要像水那样待机而动。正因为他像水那样与万物无争，所以才会一生平安，没有忧愁和恐惧。后世唐玄宗疏解此章时，曾经归纳出“水之三能”：

> 水性甘凉，散洒一切，被其润泽，蒙利则长，故云善利，此一能也。天下柔弱莫过于水，平可取法，清能鉴人，乘流值坎，与之委顺，在人所引，尝不竞争，此二能也。恶居下流，众人恒趣，水则就卑受浊，处恶不辞，此三能也。[②]

水的确具有十分优良的品质，值得人们学习借鉴，比如低调安静的生活态度，与人为善的慈悲胸怀，不与人争夺利益的淡定从容，万难不辞的坚忍毅力。

《老子》第六十六章对水有进一步的解读：

---

① 《老子道德经·河上公章句第一》，四部丛刊本，商务印务馆 1929 年版，第 4 页。

② 河上公、杜光庭等：《道德经集释》，中国书店 2015 年版，第 628 页。

江海所以能为百谷王者，以其善下之，故能为百谷王。是以圣人欲上民，必以言下之；欲先民，必以身后之。是以圣人处上而民不重，处前而民不害。是以天下乐推而不厌。以其不争，故天下莫能与之争。①

其意思是说，江海之所以能够吸引天下河流奔附，是因为它善于处在低下的地位，所以能够成为众多河流的归宿。因此圣人要想成为人民的领袖，就必须心口如一地对待他们，始终谦恭；要做人民的表率，必须把自己的利益放在人民之后。所以圣人居于上位而人民不感到负累，居于前位而人民不感到受伤。天下万民因而乐于拥戴他而不厌弃他。而正是由于他从不与人争，天下也就没有人能够与他争了。

《老子》第七十八章对水的特性做了更深刻的揭示：

天下柔弱莫过于水，而攻坚强者莫知能胜，其无以易之。弱之胜强，柔之胜刚，天下莫不知，莫能行。故圣人云："受国之垢，是谓社稷主；受国之不祥，是谓天下王。"正言若反。②

老子的意思是：天下没有什么东西比水更柔弱的了，但是冲击坚强的东西，却没有比水更凌厉的，因为没有什么能够代替它。弱胜过强，柔胜过刚，天下没有人不知道这个道理，却没有人能够真正实行。因此得道的人说，能够承担全国屈辱的人，才配当一国之

① 《老子道德经·河上公章句第四》，四部丛刊本，商务印书馆1929年版，第15页。

② 《老子道德经·河上公章句第四》，四部丛刊本，商务印书馆1929年版，第19—20页。

主；能够承担全天下祸难的人，才配做天下之王。这是把正面的话像反话一样说。

上善若水，水利万物，这是老子的智慧，也是楚文化的智慧。这一饱含智慧的和谐理念，从此深深地根植于中华儿女的心田，萌芽、茁长、开花、结果。

（二）止戈为武

公元前 613 年，年纪尚不满 20 岁的熊侣继位为楚王。谁也没有想到，这个少年儿郎，以后会成为赫赫有名“春秋五霸”之一的楚庄王。

楚庄王刚一继位，就遇上了一场凶险，差点丢了性命。楚庄王元年（前 613 年），楚国令尹成嘉和太师潘崇率领楚国大军，东征群舒诸国。值此国内兵力空虚之际，楚庄王的两位师傅竟然煽动国都卫队作乱，攻进两位统帅的府第，杀死他们的家兵，分掉其财产和仆妾，并在郢都的九座城门增设守卫，准备与成嘉和潘崇率领的大军殊死对抗。成嘉和潘崇得到郢都内乱的消息后，火速率军从前线撤回，大军如云，将郢都围得密不透风。郢都守军哗变，城门洞开，成嘉和潘崇率领的大军一举攻入郢都。楚庄王师傅眼看大势已去，竟然挟持少年楚庄王，乔装潜入楚国的边城析邑，幸亏析邑大夫深明大义，诱杀了两个叛乱的首领，楚庄王才得以化险为夷，重返郢都。

楚庄王渡尽劫波，终于恢复了自由。但楚庄王深知自己威信尚未确立，王位尚不坚固，两位师傅的叛乱和败亡，让自己在国人心目中的形象大打折扣，何况自己也的确脱离不了干系。面对内外困境，庄王思虑再三，决定暂行韬光养晦之计，示国人以假象，暗中察辨忠奸，为将来的拨乱反正做准备。

于是，楚庄王即位三年，不理朝政，淫逸无度。终日“左抱郑姬，右抱越女，坐钟鼓之间”，这实在是迫不得已而为之。韬光以远祸，敛翼以待时，少年楚庄王将一片振兴楚国的苦心，寄托在钟鸣鼎食与美目巧笑之间，一忍就是三年。

三年之间，晋国曾经攻伐楚国的盟国——蔡国，楚庄王坐视不救，也无力去救。

到了第三年，楚国大旱，民不聊生，饿殍遍野，楚国西部的庸人趁机发动叛乱，百濮群起响应，叛军相继攻下了楚国边城阜山、大林、阳丘、訾枝，兵锋直指郢都。警讯传来，楚庄王不动声色，仍然稳坐于深宫之中，醉酒酣歌。大夫伍举、苏从等人纷纷进谏，说：“有鸟在于阜，三年不飞不鸣，是何鸟也?”楚庄王答道：“三年不飞，飞将冲天；三年不鸣，鸣将惊人!”大夫们由此知道楚庄王深埋心底的壮志与苦心，惊喜之余，纷纷奔走相告。

次日，楚庄王即位三年来第一次举行朝会。据《史记》记载：楚庄王“乃罢淫乐，听政，所诛者数百人，所进者数百人，任伍举(应为伍参)、苏从以政，国人大悦”。楚庄王任用贤能，罢黜恶奸，楚国政局突变，朝野为之一振。

楚国大军出动，一路势如破竹，摧枯拉朽，在方城一举荡平庸人叛军，楚国转危为安。

楚庄王六年（前 608 年)，楚军北上与晋国初试锋芒，在北林打败晋军，俘获晋军统帅解扬，大获全胜。

楚庄王八年（前 606 年）春天，庄王亲征，攻伐陆浑之戎。陆浑之戎位于伏牛山与熊耳山之间的伊水流域，本来与楚国风马牛不相及，并无利害冲突。此役是楚庄王假借尊王攘夷之名义，行北上中原试探周天子之虚实，可谓醉翁之意不在酒。在强大的楚国军队面前，陆浑之戎不堪一击，首战即全线崩溃。意气风发的楚庄王趁势将大军开到周都洛邑城外，在周天子的眼皮底下举行盛大的阅兵仪式。周定王内心忐忑不安，不敢贸然前往，只好派遣擅长外交且伶牙俐齿的王孙满前往劳军。

见到王孙满，楚庄王开口就问周天子的九鼎究竟有多大、多重？这分明是要与周天子比权量力。要知道，九鼎是天子权柄的象征，身为诸侯岂能随便相问？

王孙满的回答甚为巧妙，他避实就虚地说，鼎的大小轻重其实毫无意义，因为国家的治与乱“在德不在鼎”。

楚庄王则口吐狂言：“子无阻九鼎！楚国折钩之喙，足以为九鼎。”意思是你不要王顾左右而言他了！如果将楚国兵士手中所执的戈矛之锋锷融化为铜，也足以铸造九鼎，言外之意是你周天子有九鼎有何了不起呀！

王孙满也反唇相讥：“周德虽衰，天命未改。鼎之轻重，未可问也！”

闻听此言，楚庄王深思良久，他深知周王朝余威犹存，强求无益，毅然麾师回国。这就是“问鼎中原”“饮马黄河”的由来。

事实上，王孙满的一席话，让楚庄王受益匪浅，从此，他对德与力的关系有了全新的认知。

楚庄王还未来得及享受胜利的喜悦，国内根深蒂固的氏族斗氏又发动叛乱。这次叛乱，起因于分别以令尹斗子扬、司马斗越椒与工正蒍贾为代表的斗氏与蒍氏之间的争权夺利。双方都将氏族力量裹挟进来，最后导致斗氏起兵叛乱。斗氏是楚国历史上的光荣部族，从楚武王到楚成王，凡是大战，楚国向来依赖能征善战的斗氏，斗氏为楚国的兴盛付出过无数的鲜血和生命。因此，楚庄王起初执意于调和两个氏族的矛盾，但自恃劳苦功高的斗氏后裔，难免飞扬跋扈，肆意横行，率然起兵攻伐蒍氏，在杀死蒍贾之后，竟然不计后果，直接向郢都进发。内乱的烽火已经烧到国都，楚庄王不得不披挂上阵，亲自击鼓，鼓舞士气，一举将叛军镇压。为了除恶务尽，楚庄王将斗氏家族尽数杀戮，只保留了正在使齐返国途中的斗克黄的生命。

《吕氏春秋》记载楚国有一位奇人，善于给人看相，每言必中。据说，楚庄王把他请来，问其所以然，此人说：臣非能相人也，能观人之友也。以国君为例，如果其臣僚多忠志贤能之士，见国君有过失即交相进谏，国家就会安定，国君就有尊荣，天下就能归心，这样的国君就是“吉主”。楚庄王受到启发，从此大力罗致贤才，广泛察纳雅言。

楚庄王十六年（前 598 年），楚国以绝对优势的兵力，击败郑国，接着又移师完胜陈国。攻伐郑国，当然是因为郑国背弃盟约。攻伐陈国，则起因于陈国宫帷间的杯水风波。陈国国君陈灵公与大夫公孙宁、仪行父一起，与大夫夏征舒的寡母夏姬通奸，君臣之间，全无礼仪，简直到了无耻至极的地步。他们经常招摇过市，在驷马高车之上与夏姬饮酒调谑。甚至在朝堂之上，君臣竞相展示穿在自己身上的夏姬的内衣，种种淫秽不堪入耳。他们还当着夏征舒的面，议论他长得像谁，猜测他到底是谁的儿子，夏征舒忍无可忍，挽强弓射杀了陈灵公。由陈灵公和大臣的荒淫、夏征舒的弑君所导致的陈国内乱，让楚庄王有了攻伐陈国的理由。陈国已经没有国君，又缺乏有号召力的军队统率，因此，楚国大军未经激烈的战斗，就攻进了陈国都城。楚庄王想借此将陈国变为楚国的一个县，从此灭掉陈国的宗庙社稷，但当此举遭到大夫申叔时的反对后，楚庄王雅纳善言，当即将楚国军队撤回。

楚庄王在整顿军队的同时，也十分注意发展经济，与民休息。楚国的国力直线上升。

楚庄王十七年（前 597 年），羽翼丰满的楚国正式向中原第一大国——晋国发起挑战，锋镝所指，首当其冲是长期在晋、楚之间摇摆不定的郑国。

三个月后，楚军攻进郑国都城。“入自皇门”，郑襄公“肉袒牵羊”投降，不无自责地说：“孤不天，不能事君，君用怀怒，以及敝邑，孤之罪也。敢不惟命是听!”楚庄王大度地将跪拜在地的郑襄公一把扶起，表示既往不咎，只要郑国以后真诚地臣服楚国即可。楚庄王随即率军征伐晋国。楚晋两军相逢，对峙于邲水两岸。楚军诱敌渡过邲水，庄王亲自率领楚国三军将士，与晋军展开决战。此役，杀得晋军尸横遍野，血流成河。兵败如山倒，身在水中的晋军将士拼命抢上渡船逃命，而已在船上的将士担心船重倾覆便挥剑斫杀想要上船的晋兵，被斫断而掉落在船舱里的手指头，竟然可以一捧一捧地捞起来。如此惨状，《左传》是这样记载的：“中军、下军争舟，舟中之指可掬也。”惨烈如此，楚庄王不忍目睹，立即传令楚师停止追杀。

楚军大获全胜，楚国大将潘党等人建议修筑一座“京观”以夸耀楚国的盖世军功，被楚庄王拒绝了。所谓“京观”，就是将敌军的尸体堆积成山的形状，封上黏土，插上旗帜，用以显示战绩，威慑敌军。楚庄王说：“‘武’这个字由‘止’和‘戈’两个字构成，说明先人意在告诫我们：停止干戈才是真正的‘武’。也就是说，真正的武力，不是为了挑起战争，而是为了制止战争，实现禁暴、

戈

戢兵、保大、定功、安民、和众、丰财这七种功德，除此七德之外，所有战争都是穷兵黩武。看来寡人做得还很不够啊!”可见，楚庄王不仅不是专以杀人为乐的屠夫，而是具有止戈为武、以战争实现和平的人文情怀的君子。

邲水之战以楚胜晋败宣告结束，楚国打败了中原第一强国，俨然成为当时春秋列国中的头号强国。

接着，楚庄王打着尊王攘夷的旗号，相继打败了萧国、宋国，楚国真正成为春秋五霸之一。

楚庄王不仅有慎战的情怀，还有容人的雅量。《说苑》记载了一则名为“绝缨宴”的故事：

> 曾经有一位将军，在楚庄王安排的庆功夜宴上，酒后失态，趁着大风吹灭了灯火之机，非礼庄王的爱妃许美人，爱妃随手扯下了将军的冠缨，当即向庄王告发，并建议庄王重新点燃灯火，让那个没有冠缨的人暴露在大庭广众之下。楚庄王却有自己更深的考虑，他让所有人都扯下冠缨，然后才重新点亮灯火，如同掩埋了案犯的证据，君臣得以继续同欢。后来在邲水之战中，有一位楚国将军不顾箭矢如蝗，身中数箭依然拼死作战，五次击退来犯之敌，舍命保护庄王出入战场。战后叙功时，楚庄王问那位将军，我并未有恩于你，你何以如此不惜血肉之躯舍命护君呢？将军回答说，我就是那次绝缨夜宴上对许美人失敬的人，我是将功赎过啊。

从这则轶闻趣事中，不难看出楚庄王有海纳百川般的包容胸怀。

楚庄王善于用人，具备识人于草莽之中的慧眼，因此手下良将如云，谋臣如雨，方能成就前无古人的霸业。

楚庄王勤学善思，亲自动手改装过楚国战车，使得楚国战车往来驰逐，轻便自如；通过不断的学习和实践，楚庄王拥有了一套成熟的治国统兵的理论。

楚庄王任用贤能，从善如流。如令尹孙叔敖，就是他破格提拔的能臣。他多次听从大夫或将军的建议，喜欢听他们的直言说论，以匡正自己的错误或偏颇，是春秋时代少有的贤明之君。

所以，无论是从器量大小考量，还是从人心向背观察，楚庄王都是一代雄主，更是一代明君：宽宏大量、讲求信义、进取攻伐、有理有节。

在楚庄王的血液里，激荡着永不止息的楚文化上善若水的和谐理念，止戈为武的观念闪耀着人性的恒久光辉。

（三）道法自然

假定只允许用一个词语概括老子道家思想的精髓，或许没有比“道法自然”更合适的了。

《庄子》中有这样一则寓言：

> 南海之帝为倏，北海之帝为忽，中央之帝为浑沌。倏与忽时相与遇于浑沌之地，浑沌待之甚善。倏与忽谋报浑沌之德，曰：“人皆有七窍以视听食息，此独无有，尝试凿之。”日凿一窍，七日而浑沌死。[①]

这则寓言的意思是：南海的帝王是倏，北海的帝王是忽，中央的帝王是浑沌。倏和忽经常在浑沌的地界上活动，浑沌对待他们俩非常友善。倏和忽打算报答浑沌的善意，他们俩商量说：人都有七

---

① 郭庆藩：《庄子集释》，中华书局 1961 年版，第 309 页。

窍，所以能够看到事物、听到话语、吃到东西、呼吸空气，而浑沌却没有七窍，我们给他凿出来吧。于是，他们俩每天给浑沌凿出一窍，七天后，浑沌却死了。

凿窍而死，这是以小聪明误了大智慧，是以人为扼杀了自然，以雕凿伤害了本真。那么，正确的途径是什么呢？道家给出的答案是道法自然。

道法自然出自《老子》第二十五章："人法地，地法天，天法道，道法自然。"在道家看来，人类社会的世道浇离、每况愈下，就是因为对自然的偏离。人类应该效法天地自然，通过对天地自然的观察和体悟，自觉遵守自然之道，师法自然之道，以自然之道来指导人类的各种行为。

道法自然蕴含丰富的生态哲学思想。在道家心目中，人是自然的产物，人的一切活动都不能违反自然规则，不能无视自然之理，更不应该凌驾于自然之上，而应当顺应自然，调适自然，遵守自然规律。

道家主张生态和谐，认为人与天地万物是一个整体，道是天、地、人的根源和基础，空间与时间中的一切自然之物，都是以道作为其最大的共性和最初的本源。人只是天地万物的一种存在，是自然有机整体的一个组成部分，并不是天地万物的主宰和统治者，人根源于自然且统一于自然之中。

道法自然的生态整体观的实质，就是反对人为的破坏，反对人类的巧智与胡乱作为，反对人类的妄自尊大，更反对将自然作为人类的征服对象，反对破坏甚至戕害自然，反对对自然进行掠夺式的开发和利用，反对竭泽而渔、杀鸡取卵式地对待大自然。人在自然之中，应当生而不有，为而不恃，长而不宰。

当前，全球出现了比较严重的生态危机和环境问题，根本原因就在于人们只看到眼前利益，毫无节制地开发甚至浪费自然资源，没有有效地实现人与大自然的和谐相处、共同发展。在人与自然的关系上，楚文化强调天人合一，尊重自然规律，主张休养生息。道家文化谦虚地将自己追求的终极性的道，认定为是从自然中得来。道家道法自然的生态整体观，对于当前我们的生态文明建设具有重要的理论借鉴意义，挖掘并汲取道家文化的思想资源，我们一定可以实现人与自然的和谐。勾起我们记忆的蓝天白云、小桥流水、清风明月、细雨飞雪、陌上繁花、灞桥烟柳等等美丽乡愁，也就不仅仅存在于唐诗宋词的文化锦绣之中，而是完全可以出现于美丽而宏伟的蓝图之上。

(四) 美美与共

美美与共，是著名社会学家、民族学家费孝通先生对理想民族关系的一种愿景描绘和期许，追溯楚人的民族政策及其对后世的影响，不乏与之有相通之处，昭君出塞就是一个生动的例证。

长江三峡的西陵峡中，有一条小溪，名叫香溪。香溪一年四季清亮碧绿，宛如翡翠。在高出香溪近百米的河岸上，有一个安静的小山村，坐北朝南，山环水绕，视野极为开阔。村门左侧立有一根八米高的图腾柱，右侧横有一面石壁，上题“昭君村”三个大字。石壁上还刻着唐代“诗圣”杜甫的诗句：“群山万壑赴荆门，生长明妃尚有村。”

静静流淌的香溪，宛如世外桃源的昭君村，都与一个人有关，她就是中国古代四大美女之一的王昭君，这里就是她的家乡。

王昭君，名嫱，约公元前 52 年出生于西汉南郡（今湖北兴山）宝坪村。

据说，香溪的得名与王昭君有关：王昭君天生丽质，每天都要到离家不远的小溪边洗脸，每当这时候，河里的小鱼都惊艳于她的美貌，暗自羞愧不如，灰溜溜地沉到了水底。天空中成行成列飞行

昭君村

的大雁也惊叹于她的气质而乱了方阵，一些大雁甚至忘了舞动翅膀，纷纷从高空中坠落地面。世人都说成语沉鱼落雁分别指西施和昭君，实际上昭君兼具“二美”。王昭君常年在这条小溪里洗脸，溪水渐渐有了芬芳之气，香透千里，于是人们把这条小溪叫作香溪。

王昭君不仅容貌出众，而且天资聪颖，琴棋书画，无所不精，尤其喜欢音乐，家里几乎是天天琴瑟不断，歌声绕梁。

昭君 17 岁那年，汉元帝派宫廷画师毛延寿到全国各地挑选美女入宫。毛延寿是个贪婪成性的小人，便借机搜刮民财。当他来到兴山，听说昭君姑娘生得如花似玉，急忙来到她家里相看。

毛延寿一见王昭君，不禁暗自惊叹：世间竟有这般绝色女子。利欲熏心的毛延寿乘机向昭君父母索要钱财，以此作为向皇帝推荐的筹码。

昭君心性高洁，性格执拗，她宁可不进宫，也不愿给毛延寿以贿赂。毛延寿恼羞成怒，心生一计，提笔在昭君画像右眼下点了颗丧夫落泪痣，其容貌顿时大打折扣。而皇帝挑选妃子都是先看画像再见人，昭君姑娘就这般阴差阳错，一进宫就被打入冷宫，一雪藏就是三年。

当时，西汉王朝北方盘踞着强大的匈奴部落，汉匈边境经常发生战争，人民备受战乱之苦。为此，从汉高祖刘邦开始，汉廷数次从汉宫挑选宫女并冠以公主名号嫁给匈奴单于为妾，作为向匈奴求和的方式，史称“和亲”。公元前 52 年至公元前 48 年，匈奴发生争权内乱，匈奴王呼韩邪求助汉朝，在汉朝帮助下，呼韩邪夺取了匈奴权位。

公元前 33 年春，呼韩邪想与汉朝进一步通好，亲自来到长安，要求与汉室通婚。汉元帝心中甚喜，满口答应了呼韩邪的请求，下令从在后宫待诏的尚未取得嫔妃身份的“良家子”中，挑选一位合适女子嫁给呼韩邪。

后宫宫女固然众多，只是由于她们长期生活于深宫，虽未免寂寞，但毕竟轻松舒适，衣食无忧，谁也不愿远离故土，嫁与异邦外族，在寒风刺骨、居无定所的塞外去过一辈子艰苦的游牧生活。

正在这危难之际，有一位宫女挺身而出。她深明大义，为了民族和睦，不使汉匈两族再起战乱，决心以个人之苦痛换取百姓之安乐，“自请掖庭令求行”，担当“和番使者”的角色。她，就是昭君姑娘。

汉元帝当即下令召见王昭君。未曾想昭君一出场，满朝文武顿时为之倾倒，连空气也因之凝固了，只见她亭亭玉立，光彩照人，何止是沉鱼落雁！

汉元帝也大吃一惊，后悔莫及，想把昭君留下，但为了取信匈奴，又只好忍痛割爱，把昭君嫁给呼韩邪单于。事后，汉元帝越想越气愤，派人取来美人图核对，发现了毛延寿的欺君之举，下令诛杀了这个徇私枉法的卑鄙小人。

呼韩邪欣喜若狂，对汉朝千恩万谢，当即封王昭君为宁胡阏氏(阏氏即王后之意)，意思是匈奴从此可得安宁。汉元帝也改元竟宁，意为边境从此可获得宁静。在中国古代封建社会，改元是国家政治生活中的一件大事，改元竟宁寓意昭君出塞将会改写汉朝的历史。

王昭君自知一年半载很难再回中原大地，便要求在出塞前回家看望父母和乡亲，汉元帝应允了，她在香溪畔住了半月光景，终于要启程出塞了。时值阳春，香溪畔的桃花尽情盛开，千树桃花纷纷撒落在昭君姑娘乘坐的船上，继而落到溪水中。船行花动，船停花止，触景生情，王昭君百感交集，止不住的热泪滴在花瓣之上，转眼间化作五彩缤纷的“小鱼”，人们无不称奇，称之为桃花鱼。这小鱼有粉红的、乳黄的、洁白的，说也奇怪，五颜六色的桃花鱼竟然能感知春天的信息：每到阳春三月桃花盛开的季节，该是昭君回乡省亲的时候，桃花鱼就出现了；桃花凋谢时，那是昭君要离家出塞和亲的时候，香溪河里的桃花鱼便消失得无影无踪了。

公元前 33 年，在一个天高气爽的日子里，昭君告别故土，登程北去。临行前，汉元帝赐给她锦帛二万八千匹、絮一万六千斤及大批黄金美玉等贵重物品，并亲自送出长安十余里。骏马嘶鸣，白驼奋蹄，毡车辘辘，彩旗猎猎，匈奴派来的迎亲队伍缓缓地行进在从长安至五原郡（今包头）的驿道上。队伍当中的一辆毡车上，王昭君怀抱琵琶，玉指轻弹，那行云流水般的琴声，在广袤天地间流淌着，给大漠孤烟的草原平添了几分诗情画意。

王昭君肩负着汉匈和亲的重任，别长安，出潼关，渡黄河，过雁门，历时一年有余，于次年初夏到达漠北，受到匈奴人民的盛大欢迎。

在塞外，王昭君入乡随俗，过着住穹庐、衣毡裘、食烤肉、饮酪浆的游牧生活。王昭君与匈奴人民友好相处，努力传播农桑技术，教妇女纺纱织布和缝纫刺绣，并且将汉元帝赐给她的嫁妆赠送给匈奴人民，使他们大开眼界，促进了汉匈人民之间的经济文化交流。至今，在塞外草原牧民中还广泛流传着“王昭君与奶茶”的故事：

话说王昭君远嫁匈奴呼韩邪后的一个早晨，呼韩邪与昭君相对而坐。呼韩邪给自己倒了一碗牛奶，昭君则从陪嫁箱中取出家乡楚地的茶叶，给自己泡上一杯浓茶。

呼韩邪问昭君：“你的茶水好喝吗?”

王昭君说：“当然，我们中原人祖祖辈辈喝的就是这个。你尝尝?”

呼韩邪喝了一口，说：“真香！就是有点苦！你也尝尝这个。”说着，指了指自己碗中的牛奶。

王昭君轻轻地抿了一口，说：“好喝，就是有点腻。何不将它们合起来试试?”

呼韩邪连连击掌说：“好！好！”

夫妻俩于是将奶和茶掺在一起。塞北天气寒冷，便又在炉子上煮了煮。一会儿，蒙古大帐里芳香四溢。两人一喝，香而不腻，滑而不苦，既能解渴，又可充饥。

从此，草原牧民就有了每天早上起来煮奶茶的习惯，有了蒙古民族流传至今的传统饮品——奶茶。

昭君可能于汉哀帝年间（前 6 年—前 1 年）去世，享年 50 岁左右。王昭君死后葬于今内蒙古呼和浩特大青山下的黑水河之滨，这或许是为了遥望南方故土。墓地至今保存完好，据说入秋以后塞外草色枯黄，唯有昭君墓上青葱一片，所以又叫青冢。

关于青冢，还有另外一种说法：青冢并不是真正埋葬王昭君的

青冢（昭君墓）

地方，而是她的衣冠冢。在今天的内蒙古包头、鄂尔多斯等地，还有不少昭君墓。当代历史学家翦伯赞在《内蒙访古》中是这样解说的：

> 王昭君究竟埋葬在哪里，这件事并不重要，重要的是为什么会出现这样多的昭君墓。显然，这些昭君墓的出现，反映了内蒙人民对王昭君这个人物有好感，他们都希望王昭君埋葬在自己的家乡。①
>
> 在大青山脚下，只有一个古迹是永远不会废弃的，那就是被称为青冢的昭君墓。因为在内蒙人民的心中，王昭君已经不是一个人物，而是一个象征，一个民族友好的象征；昭君墓也不是一个坟墓，而是一座民族友好的历史纪念塔。②

王昭君出塞后50余年间，汉匈边境岁月安宁，人民安居乐业，

① 翦伯赞：《内蒙访古》，《远域新天》，内蒙古人民出版社1963年版，第127页。
② 翦伯赞：《内蒙访古》，《远域新天》，内蒙古人民出版社1963年版，第126页。

一派“风吹草低见牛羊”的祥和繁荣景象。人们感怀王昭君为民族团结做出的巨大贡献，称她为和平使者，功在当代，惠及子孙，千秋不朽。元代诗人赵介认为王昭君的功劳不亚于汉朝名将霍去病，清代女诗人郭润玉也曾盛赞王昭君：“琵琶一曲干戈靖，论到边功是美人。”昭君出塞，需要何等的勇气，这是大丈夫之气，这是英雄之气，不仅许多女子自愧不如，不少男儿也纷纷汗颜。20 世纪 30 年代，民族英雄吉鸿昌将军曾拜谒昭君墓，挥毫写下了“懦夫愧色”这四个直刺人心的大字。

王昭君对汉匈和平事业的贡献之大，影响之深，在中国古代民族史上可谓罕有其匹，她千百年来一直活在人民群众的心中，为各族人民所崇敬和颂扬。所以，昭君出塞成为历代诗歌创作的重要主题之一，历代以昭君出塞为题材的诗歌流传下来的有 700 余首，著名的如唐代诗人李白的《王昭君》：

汉家秦地月，流影照明妃。
一上玉关道，天涯去不归。

昭君拂玉鞍，上马啼红颜。
今日汉宫人，明朝胡地妾。

传颂更广的还是唐代杜甫的《咏怀古迹五首之三》：

群山万壑赴荆门，生长明妃尚有村。
一去紫台连朔漠，独留青冢向黄昏。
画图省识春风面，环佩空归月下魂。
千载琵琶作胡语，分明怨恨曲中论。

中华人民共和国成立后，王昭君逐渐成为民族团结的和平大使的代表形象。周恩来总理称赞王昭君是“发展中华民族大家庭团结最有贡献的人物”。1963 年 10 月，时任国家副主席董必武在内蒙古参观昭君墓后，十分动情地写下七绝《谒昭君墓》：

> 昭君自有千秋在，胡汉和亲识见高。
> 词客各抒胸臆懑，舞文弄墨总徒劳。

董老高度评价了昭君出塞的历史功绩，并对历代文人借昭君而发泄的不满和哀怨予以有力的抨击。从此，王昭君一抹满脸的泪水和愁云，以一个愉悦的民族团结使者的形象出现在人们面前，表达了全国各族人民团结一致、美美与共的共同心愿。

文学家曹禺在散文《昭君自有千秋在——我为什么写〈王昭君〉》中是这样写的：

> 数千年来，王昭君的真实面目却一直埋没着。她的功绩被人们遗忘了，抹杀了。在历代无数的诗人、画家、作家的笔下，王昭君的容貌始终被泪水所遮盖。①

这位戏剧大师笔下的王昭君，分明是一个美丽动人、活泼欢愉的文学形象，令人耳目一新。

历史学家翦伯赞不只写过《内蒙访古》等散文名篇，还写过一首歌颂王昭君历史功绩的诗作：

> 汉武雄图载史篇，长城万里遍烽烟。

---

① 田本相、刘一军：《曹禺全集》第 5 卷，花山文艺出版社 1996 年版，第 63 页。

何如一曲琵琶好，鸣镝无声五十年。

这无疑是对王昭君历史地位最充分、最客观的评价了。

上善若水，美美与共，凡是对人类和平做出过重要贡献的人，人民总不会忘记他们的名字。如今，呼和浩特市郊的青冢壮观巍峨，在草原辽阔的蓝天和圣洁的白云的衬托下，显得无比肃穆庄严，世界不同国家和民族的人们，纷纷慕名前来参观拜谒，表达他们对王昭君的崇敬和仰慕，久久不愿离开。

（五）政通人和

楚人上善若水的理念源远流长，影响广远，涉及荆楚文化的方方面面，其中对政通人和的追求，也是其重要特质之一。

上善若水的和谐理念，反映在社会治理方面，就是要反对国与国之间、民族与民族之间任何形式的不义战争，尤其反对穷兵黩武，滥杀无辜，致力于实现政通人和，社会全面和谐发展。据《史记》记载，楚人的先君熊渠，在诸侯混战的时代，就能够营造“甚得江汉间民和”的治世局面，实现治域内的政通人和、物阜民丰。楚共王更是一代明君，他“抚有蛮夷，以属诸夏”，将中原文化与楚文化的精华部分实现有机融合，为中华民族的统一立下了不世之功。楚人从来就不故步自封，更不抱残守缺，对外来优秀文化往往是海纳百川，择优而来。

追求政通人和的和谐生活，是楚人的光荣传统。如楚国名相孙叔敖，从不计较个人得失荣辱，虽三起三落，仍能坚定地辅佐楚庄王施教导民，宽刑缓政，发展经济。他亲自主持兴修了我国最早见于历史记载的大型综合性水利工程期思陂和芍陂，解除了广大民众的水旱之患。他“秋冬则劝民山采，春夏以水，各得其所便，民皆乐其生”。《史记》将其列为古代循吏第一人，称赞他说：“三为楚相，施教导民，上下和合，世俗盛美，政缓禁止，吏无奸邪，盗贼不起。”这是一幅多么和谐的生活场景啊！

老子主张“治大国若烹小鲜”，也是政通人和观念的体现。主张政通人和，为政者就不要有严刑峻法，也不要有太多的繁苛政令，尤其不能朝令夕改，让老百姓无所适从。孙叔敖执政时，楚国民间运输多用牛车，车厢的底盘较低，碰到障碍便会颠簸甚至倾翻，甚为不便，遇战事征用时也无法立即变成马车。楚庄王思谋着颁布一道法令，让老百姓改造牛车，将其底盘上升到与马车相等的高度，如此一来，既便于日常运输，又便于战时征用。孙叔敖听说后，立即劝谏庄王说，颁布法令如太过频繁，老百姓会感到手足无措，不如换个办法，不用颁布法令，就可以升高牛车。楚庄王闻言大为高兴，就放手让他去实施。孙叔敖的办法其实很简单，就是将都城九座城门的门槛加高了半尺，门槛一加高，牛车底盘太低，每次都过不去，需要将牛车抬过门槛，众人都觉得麻烦，便纷纷自觉地将牛车升到同马车一般高了。

蚁鼻钱

楚国取消货币改革，是奉行政通人和治国观念的又一事例。当时楚国通用的货币是蚁鼻钱，楚庄王认为钱币太轻，面值太小，于是下令将小钱改铸为大钱，强令通行，但是老百姓使用起来却很不方便，市面上经常为了要小钱不要大钱的事发生纠纷，市场一度混乱不堪。孙叔敖了解情况后，立即劝说楚庄王罢去新币，恢复旧币，市场复又繁荣如初。孙叔敖治国理政的核心，便是与民休息，安定人心，稳定社会，这是典型的道家智慧。

在日常生活器皿制造和生产方式革新等方面，楚人同样不遗余力践行政通人和的方略，楚式鬲就是一个明显的例子。楚式鬲的产生和形成，经过了三个阶段：第一阶段是用夏变夷，以中原华夏先民创造的鬲为模范，进行仿造性制作；第二阶段是用夷变夏，即采用楚地传统罐形鼎的形制，改变了中原鬲的形态，推陈出新为萌芽形态的楚式鬲；第三阶段则是熔夷夏为一体，对华夏的鬲和蛮夷的鬲的形态、工艺、性能冶于一炉，融会贯通，创造出了非夷非夏、亦夷亦夏的成熟形态的楚式鬲。在生产方式方面，楚先民采用火耕水耨和筑陂灌田的方式，这同样是在吸收和综合了南北农业文化精华的基础上的创造，是楚人对古代中国农业发展的一项巨大功绩。

政通人和表现在人际关系上，就是以和为贵，以让为上。根据刘向《新序》记载，在战国时代，梁国与楚国边境毗邻。国境线的两边，梁亭和楚亭的人们都盛行种瓜。梁国瓜农勤于灌溉，因此种出的瓜格外甜美；楚国瓜农性情慵懒，疏于浇灌，种出的瓜既不香甜也不耐看，于是有些眼红的楚人就在深夜偷偷越过边境线，跑到梁亭去偷瓜吃。梁人发觉后格外气愤，摩拳擦掌，发誓要前往报复。这时梁亭的亭长宋就劝他们说："别人做了坏事，你们也跟着做坏事，这是多么褊狭啊！我教给你们一个办法，趁着深夜偷偷地去给楚人的瓜地浇水，但不要让他们知道。"梁人依计而行，于是楚亭的瓜也长得既好看又甜美了。楚人大感惊奇，但很快便知道了其中的秘密：

楚王闻之，惄然愧，以意自闵也。告吏曰："……此梁之阴让也。"乃谢以重币，而请交于梁王。楚王时称则祝梁王以为信，故梁楚之欢，由宋就始。语曰："转败而为功，因祸而为福。"老子曰："报怨以德。"此之谓也。夫人既不善，胡足效哉！[①]

楚国和梁国的人民，在老子上善若水的和谐理论的影响下，以人和为贵，以礼让为先，收到了理想的效果，实现了边境晏然。

在家庭伦理层面，政通人和集中地表现为孝道。在荆楚大地上，孝道受到人们的高度推崇和赞美，得到积极的实践。元朝人郭居敬曾经辑录了古代24个孝子的故事，编纂成《二十四孝图》。令人惊异的是，在这24个孝子故事中，就有5个发生在荆楚大地上。这5个孝行故事，分别是"戏彩娱亲""卖身葬父""扇枕温衾""刻木事亲"和"哭竹生笋"。

"戏彩娱亲"的主人公老莱子，曾隐居于今湖北荆门，是春秋时期楚国著名思想家，道家文化的代表性人物之一。传说老莱子年过七十岁时，父母仍健在，为了让年迈的父母高兴，老莱子经常穿着幼童五彩斑斓的花衣花帽，手里摇晃着拨浪鼓，在父母面前手舞足蹈，嬉笑玩耍。

"卖身葬父"的主人公是西汉时期的董永，董永年少时从今山东流落到今天的湖北孝感。董永为人，孝顺而勤勉，其父亲因病辞世后，因家境贫寒而无力安葬，在求告借贷无门的情况下，董永只好卖身为奴，用卖得的钱给父亲治丧。最终，董永的孝行感动了天上的神仙，由此演绎出董永与七仙女间悲欢离合的故事。

"扇枕温衾"的主人公黄香是东汉江夏郡（今湖北云梦）人，《三字经》说："融四岁，能让梨。香九龄，能温席。"其中，"香九龄，能温席"讲的就是孝子黄香的孝行故事。黄香幼年的时候，母

① 《新序》第1册第4卷，四部丛刊本，商务印书馆1929年版，第6—7页。

亲就去世了，他与父亲相依为命。黄香把父亲的安危冷暖时刻挂在心头。冬天，黄香担心父亲因畏寒睡不好觉，每晚先钻进父亲的被子里，用自己的体温把被子温热，这样父亲上床睡觉时就不会感到寒冷了；盛夏，为了让父亲能够睡个安稳觉，黄香拿着扇子，把父亲蚊帐里的蚊子赶跑，又扇凉父亲睡觉的床单和枕头，劳累一天的父亲爬上床便可以安然入睡了。

“刻木事亲”的主人公——东汉时期的丁兰，今湖北南漳丁家集人。丁兰少时父母双亡，成年后为了报答父母的养育之恩，重金聘请心灵手巧的艺人，用木头雕刻了父母双亲的形象，供奉家中，一日三餐都是敬过双亲后自己方才食用，每天出门之前向双亲木像辞行，回家之后又面禀父母木像，日复一日，从不懈怠。

“哭竹生笋”的主人公孟宗是三国时代江夏（今湖北孝昌）人。孟宗父亲早逝，母亲多病，双目失明，生存十分艰难。有一年冬天，孟宗母亲病情加重，什么东西都不想吃，只想尝尝新鲜的竹笋。然而数九寒天，哪里会有新鲜的笋子呢？为了不让母亲失望，孟宗跑到竹林里到处挖掘，希望出现奇迹，一连挖了好几天，始终不见新鲜竹笋的影子，他急得号啕大哭，悲戚地向苍天呼唤：“苍天呀！您若有灵，就赶快让竹子长出笋子来吧！家中老母亲等着救命啊！”说时迟，那时快，奇迹出现了，竹林中的冰雪瞬间消融，寸草不生的荒坡上，几枝尖尖的嫩笋破土而出，嗖嗖直往上蹿，愈长愈高。孟宗高兴极了，赶紧把竹笋挖回去，做了一碗笋羹，亲手喂给母亲吃。母亲吃完笋羹后，多年不治的沉疴，居然痊愈了，远近的人们都说，这是上苍对孟宗至亲至孝的报答。

政通人和，还表现在对现世人生和谐的追求上。诞生于楚故地湖北的明代文学流派公安派，主张写诗作文应该独抒性灵、不拘格套、清新质朴、率性任真、自然天成。公安派追求诗意的人生，反对平庸的世俗人生。“若只幽闲无事，挨排度日”，就算每天锦衣玉食，也不能算是真正的人生，只能说是某种早已被人类驯化圈养的动物的人生。几乎与公安派同时，湖北天门人钟惺、谭元春创立的竟陵派，也高举性灵的大旗，摇旗呐喊，为之声援，主张“真诗者，精神所为也”，“夫真有性灵之言，常浮出纸上，决不与众言伍”，极力追求人生精神层面上的和谐。

在历史发展的进程中，源出荆楚的上善若水、政通人和的理念，日益成为中华民族的共识。如中国文学史上涌现出许多反对战争、珍惜和平、共创和谐的光辉诗篇，就是上善若水理念的文学性表达。这些诗篇俨然汇聚成一条汪洋浩瀚的文学河流，宛若绵延不绝、奔腾不息的汉水和长江，其中最著名者当属唐朝杜甫的五言组诗《前出塞九首》，其六写道：

挽弓当挽强，用箭当用长。
射人先射马，擒贼先擒王。
杀人亦有限，列国自有疆。
苟能制侵陵，岂在多杀伤！

清代康熙年间的文华殿大学士兼礼部尚书张英，老家在曾为楚地的安徽桐城，家里人与邻居叶家曾经在宅基地问题上起了纠纷，互不相让，两家人上告到县衙门，但是因为此案牵扯到当朝高官，所以县令处理起来十分谨慎。张家人将此事写信向张英报告，希望张英给县令通融一下。张英看过来信，淡淡地一笑，将信件随手放在一旁，展纸研墨，一挥而就，写下一首诗：

千里家书只为墙，让他三尺又何妨。
长城万里今犹在，不见当年秦始皇！

家人得信后，立即动手，将靠近小巷子的那面墙壁拆除了，自觉后退三尺，四周邻居知道这件事后，无不交口称赞，都佩服张英和他家人的宽厚态度。邻居叶家深受感动，也将围墙向后移了三尺。从此，两家人之间的那条巷子，足有六尺宽，“六尺巷”之名由此而来。据说，毛泽东主席在会见苏联驻华大使尤金时，也曾讲到过这个故事，并念过这四句诗，希望中苏两国凡事谦虚礼让、相互尊重，保持友谊。六尺巷的故事，昭示着中华民族对和谐幸福生活的美好向往。

2014 年 11 月 10 晚，中国国家主席习近平和夫人彭丽媛在北京水立方（国家游泳中心）举行盛大宴会，热烈欢迎 APEC（亚洲太平洋经济合作组织，简称“亚太经合组织”）各成员经济体领导人、代表及配偶。习近平向贵宾们介绍说：

> 我们现在所在的地方叫水立方，对面是鸟巢，这两个建筑一方一圆，这蕴含着天圆地方中国的哲学理念，形成了阴阳平衡的统一。……我们之所以选择水立方来举行这个晚宴，是因为水在中国文化中具有重要的象征意义。2000 多年前，老子说：“上善若水，水利万物而不争”……亚太经合组织以太平洋之水结缘，我们有责任使太平洋成为太平之洋，友谊之洋，合作之洋，见证亚太地区和平、发展、繁荣、进步。[①]

在新时代，上善若水的和谐理念将一直波光潋滟，散发出和美的柔光！

① 习近平：《习近平在 APCE 欢迎宴会上的致辞》，新华网，www. xinhuanet. com/world/2014-11/11/c _ 1113191112. htm.

五

九死未悔的爱国情怀

楚国诗人屈原被放逐后，书剑飘零，江湖落拓，涕泗交流，悲愤满腹，风晨雨夕，感时忧国，辗转反侧，夜不成寐，写下千古名篇《离骚》：“长太息以掩涕兮，哀民生之多艰……亦余心之所善兮，虽九死其犹未悔。”九死未悔，表明了一种不忘初心、不悔当初的选择，这是屈原对其深爱的国家和人民发出的铿锵誓言。

列宁曾经给爱国主义下过一个经典的定义：“爱国主义就是千百年来固定下来的对自己祖国的一种最深厚的感情。”爱国主义精神是中华民族精神的核心和灵魂，是中华文化中最宝贵的精神财富。楚民族作为中国先秦民族大家庭中的一个成员，是中国先秦时期长江中游地区的一个勤劳、睿智、勇敢的民族，在长期的生存与发展中，形成了异常强烈的爱国精神。“受命不迁，生南国兮；深固难徙，更壹志兮。”这是爱国诗人屈原《橘颂》中的佳句，也是楚民族爱国精神的写照。楚人的先民在强邻的夹缝中艰难地求生存，时间之长以数千年计；楚人在穷乡僻壤中顽强地求发展，时间之长以数百年计。由此，养成了楚人以民族利益为至重至上的心理，孕育了楚人“九死未悔”的炽烈而坚贞的爱国情怀。

（一）念祖怀乡

念祖怀乡，是古代任何一个民族都固有的文化情结，而楚国尤甚。

楚国先民念祖怀乡的情感异常突出，到了翕然成风的地步，这与他们起于草莽、于列强的夹缝中挣扎前行的经历有关。楚人善战、尚勇，这种传统其来有自。如《左传》记载，楚康王元年（前559年），有皋舟之战，楚师战败。三年（前557年）有湛阪之战，楚师不利。到五年（前555年），康王急不可待地派人对令尹子庚说：“国人谓不谷主社稷而不出师，死不从礼。不谷即位，于今五年，师徒不出，人其以不谷为自逸而忘先君之业矣！大夫图之，其若之何?”楚康王兴兵的理由，是“主社稷而不出师，死不从礼”，这种礼真正只能是楚人才有的，置于中原诸夏，则未免匪夷所思。它表明楚人的确有尚武的传统，这在列强环伺的时代，无疑是楚国人民奋发图强的民族精神的折射。

楚人念祖怀乡，往往习惯于用旧居的地名来称呼新迁的地方。鬻熊是楚人的先祖，居于丹淅二水之间的丹阳，其曾孙熊绎迁于荆睢二山之间时，仍然以丹阳称之；熊挚别封于夔，还是沿用丹阳之名；今湖北枝江和安徽当涂都有丹阳地名，应是历史上楚国人民迁居的记忆。再如郢这个地名，楚都多次迁徙，一仍郢都旧名，在今湖北宜城、钟祥、江陵和河南淮阳、安徽寿县等地，都有郢都地名。中原也有易地不易名的事例，但非常少见，不像楚人这样一而再、再而三以至于四五，就是因为他们的念祖怀乡之情不如楚人那样深切、那样炽烈。

楚人有强烈的民族自豪感和民族自尊心，覆军之统帅往往会以自尽这种极端的方式惩罚自己，以报国人。即使贵为公子王孙，位至令尹司马，也鲜有偷生苟活者，如楚武王之子屈瑕伐罗，失败后当场自缢；城濮之战败绩后令尹子玉自缢于方城之外；鄢陵之战中司马子反因为醉酒败事而自尽；楚康王时代令尹子囊败师后引颈自刎……

楚乐尹钟仪沦落晋国，晋君要他当众操琴，本来是想羞辱他，但钟仪却当即用晋琴演奏了一首如诉如泣的楚曲，以表达他对祖国深沉的思念之情，这便是“楚囚对泣”典故的由来。楚王子无亏入秦作人质，常忧愤于只身异域，有家难归。在一个月白风清的秋夜，无亏想起了自己寄人篱下的悲惨处境，不禁黯然神伤，他遥望故土，轻抚木琴，弹唱了一首催人泪下的歌曲：“洞庭啊秋风萧瑟，涔阳啊草木萋萋，我寄身在千里之外，不如咸阳一名布衣。”悒郁的琴曲，凄切的歌声，寄托了一个漂泊异国的游子眷念故土的赤子之心。

楚国士兵和普通百姓的爱国义行同样感人至深。当吴国军队攻入楚国郢都时，守城士兵和市民自发组成“敢死队”，同吴兵展开巷战，最后终于同秦国援军一道击退了吴军。当时有个叫屠羊说的小商人，以贩羊屠羊为生，楚昭王逃难时，他曾经凭借自己出神入化的操刀绝技，拼死护卫楚昭王突出重围，事后昭王要给他高官厚禄，他坚辞不受，并说保国护王是义务和本分，执意去干他的老本行屠羊生意。公元前 278 年，秦人白起拔郢，在这场空前惨烈的屠城之役中，楚人有逃亡和战死的，却没有一个投敌献媚的，受伤被俘的两名士兵因不肯泄露楚国钟鼎的埋藏地点，分别选择了投火自焚和咬断舌根。在楚国人民看来，保家、卫国、护王是他们应尽的义务和职责。直到最后楚被秦亡，楚人还发出了“楚虽三户，亡秦必楚”的悲壮誓言，表明了他们强烈的爱国热忱和复仇意识。果不其然，秦人天下甫定，楚人便揭竿而起，以摧枯拉朽之势，结束了秦王朝短暂的生命。

为了保卫楚国，楚人不惜流尽最后一滴鲜血。对此，屈原的《国殇》有着悲愤而坚毅的描绘：

带长剑兮挟秦弓，首身离兮心不惩。
诚既勇兮又以武，终刚强兮不可凌。
身既死兮神以灵，魂魄毅兮为鬼雄。

屈原笔下的这些具有深沉爱国情怀的楚人，这些为了保卫楚国不惜战死沙场的英雄们，这些豪情满怀“死亦为鬼雄”的爱国者，如河汉星辰，纵使悲壮陨落，也会在天际划下一道道夺目的弧光！

（二）慷慨以赴

楚人爱国，遍及君臣上下。以楚君而言，不少是血洒疆场，马革裹尸。楚武王熊通死于攻打随国途中，楚文王死于征伐黄国之役。楚共王为鄢陵之战指挥失当而抱憾终生，临死前还要求大夫在其死后加上“灵”或“恶”的谥号。大夫们考虑到共王虽然有过一些过失，但毕竟在维护国家统一和民族团结方面可圈可点，便给了他“共”这个谥号，以此追念他致力于统一大业的功绩。即使是比较平庸的楚王，也不做丧权辱国之事。楚灵王末年发生了宫廷政变，敌国也趁机入侵。当时灵王不在都城，他身边有人劝他流亡到别国以保全性命，被他严词拒绝。他说：作为一国之王，在国家有难的时候逃亡是失职和犯罪的行为。结果他还是在返回国都途中自缢以谢国人，意在以死来激起国民反抗政变和抵御外侮的斗志。楚怀王被扣于秦国，秦国提出释放他的条件是楚国割让巫郡和黔中郡。值此生死攸关之际，怀王宁愿作异乡之鬼，也不肯以捐弃国土为代价来换取个人的生命安全。

在众多楚君中，楚武王熊通的爱国事迹最为悲壮感人。

楚武王熊通于公元前740年至公元前690年期间执掌国政。这半个世纪，正是楚国转弱为强、由小变大的关键时期。

楚武王执政前期，内外交困，时局不稳，风云激荡，正是英雄一试身手之时。在执政的第三个年头，楚武王就挥师渡过汉江，远出南阳盆地，进攻周朝设在汉北的重镇申国。但是，这次攻伐并没有取得预想中的成效。

楚武王从这次远征的失败中吸取教训，转而专力于底定江汉平原，为远征建立起坚固的后方基地。方略一定，他首先将攻伐的目标选择为位于江汉平原西部的权国，一举灭掉权国后，楚武王创造性地将权国故地改设为权县。这项创举的重要性及其影响的深远性，为楚武王自己所始料不及。

为了扩大楚国版图，更好地开展拓疆之役，楚武王推行休养生息政策，在执政之初的30年时间内，他选贤任能，与民休息，奖励耕织，楚国国力迅速发展壮大。

公元前706年，随国遭受严重旱灾，农桑歉收，国人乏食，军无战力，楚武王见时机成熟，率兵一直攻到随国都城。兵临城下，随侯不得不委派大臣少师前来乞和。在和谈条件中，有一项就是楚武王要求随国替楚国去要挟周天子，向周天子要求承认楚国的王号。而当时楚国的爵位，只是区区一个子爵，称王无异于肆无忌惮地僭越。文献记载楚武王是这样说的："今诸侯皆为叛相侵，或相杀。我有敝甲，欲以观中国之政，请王室尊吾号。"随国果然前往洛阳城，向周天子进言，虽然遭到了周天子的断然拒绝，但楚国"欲以观中国之政"的雄心和勃发的斗志，却令中原诸侯刮目相看。公元前704年，楚武王率军再次伐随，大败随军，随侯落荒而逃。

三年之后，楚武王发兵，大败郧、绞、州、蓼等国联军。

两次东征的胜利，奠定了楚国在汉东诸国中的主导地位。

同时，楚武王又移师西进，击败了濮人，巩固了楚国的大后方；接着北伐邓国、绞国，完胜而归。但在接下来的攻伐罗国的战役中，楚军却被邓、卢、罗联军战败。统帅屈瑕自感无颜面见楚武王，自缢身亡。屈瑕自杀，开创了楚军统帅战则必胜、败则以身殉职谢罪的先例。

这次失败，让楚武王重新思考了楚国的用兵方略，并迅速作出了新的战略调整。在接下来的几年中，楚国再没有兴师动兵，而是收缩战线，休养生息，专力于治理国家。

8 年后，楚武王突然连续发兵，攻灭了周围的罗国、卢国、鄀国、州国和蓼国等，设县治理。从此，江汉平原被楚武王底定，成为楚国的腹地和根基。

楚武王五十一年（前 690 年），已经 70 多岁的楚武王壮心未已。这一年，周天子召见随侯，指责他不该认同楚国的王号，随侯受此责备，忧心忡忡，回国后对楚国的态度不免有些冷漠。楚武王以此为借口，再次征伐随国。出征前，他已经感到心脏跳动异常，便告诉了夫人邓曼。邓曼叹息说：“大王的福寿只怕是要到头了！但只要将士们没有损失，即使大王不幸去世，也不失为国家的福祉。”

楚国大军渡过汉水后，楚武王心疾猝发，在一棵樠木树下告别了人世。

为防止军心动摇，楚军将领立即封锁了武王去世的消息，秘不发丧。

楚王乘坐的战车放下重帷，载着武王的尸体，继续前行。在随国都城前扎下营寨，深沟高垒，貌似为长期的攻城之战做准备。

随侯对楚军战斗力早有领教，眼见楚师此番东来，有久战之意，逞必胜之志，不免惶恐不安，觉得为了周天子几句斥责之辞，引来灭国之灾，实属不智！悔恨之中，急忙委派使臣求和，屈重代表武王进入随都，与随侯会盟，推楚国为盟主，随国则每年进贡，以示臣服。结盟完毕，楚师退兵，从此随国成为楚国最忠实的盟国。

楚国军队得胜收兵，三军安然渡过汉水，回到楚国境内后，方才举哀发丧。

对于英雄迟暮的楚武王来说，逝世于征途之中的樠木之下，远比瞑目于都城丹阳的深宫之内，更加合乎他自己的意愿。

著名文化学者张正明先生在《楚史》中这样评价楚武王留下的政治遗产：

> 武王所留下的，有清朗而安宁的江汉平原。文明的灿烂阳光，从江汉平原的西部照到了东部，从汉水的西边照到了东边。国与国相伐，部与部相攻，这样的人祸近乎绝迹了。铜矿的开采，铜器的铸造，都有蒸蒸日上之势。随国在楚国的卵翼下，正走向更为文明昌盛的未来。可见，武王的征服事业与所谓蛮夷的“乱华”和“猾夏”殊少相似之处。
>
> 武王所留下的，有一套粗具规模的国家机器。王的下面，有令尹总揽军民大政，有莫敖掌军，有县尹为一县之长。当然还有其他官职，只是文献没有一一记录下来。
>
> …………
>
> 在武王的遗产中，尤为珍贵的是发愤图强的锐志和领异标新的勇气。假如以为武王时楚人的发愤图强，只是一味地攻城夺地，杀人越货，那就错了。楚人的发愤图强，表现为继承和发扬先人筚路蓝缕的精神，创业兴国。武王和他的臣僚懂得恤民方能役民的道理，以及足食方能足兵的道理。……此外，假如以为武王时楚人的领异标新只是追求与众不同，那也是错的。楚人还像先前那样，歆慕中原的文明，能采用的就采用，

能仿效的就仿效。但到武王时，他们开始边模仿、边创造了。武王的名言——“我自尊耳”，并非夜郎自大，而是自尊心和独创性的天然流露。①

从武王元年（前740年）到武王五十一年（前690年）的半个世纪，是楚国发展的黄金时期，也是春秋时代最重要的历史时期之一。在这半个世纪里，楚武王平定江汉，奠定了楚国疆域、军事、政制和国都的基础，留下了独具一格的楚文化传统精神。

楚武王直面危难慷慨以赴的爱国主义精神，是一笔宝贵的精神遗产，永远激励着楚人克难攻艰，勇往直前。

（三）泣血秦庭

公元前506年冬天，北风呼啸，滴水成冰。吴国军队突袭楚国边境，势如破竹，楚国告急。

野心勃勃的吴王阖闾御驾亲征，以报仇心切的伍子胥为统帅、骁勇善战的夫概王为先锋、足智多谋的孙武为军师，如此组合，堪称史上仅见。

吴国军队以步兵为主，千里奔袭，出其不意。仓促间，楚师回撤至汉水南岸，吴师进驻汉水北岸，两军夹江对峙，楚国的命运恍若滔滔海浪中的一叶扁舟，在飓风骤雨中摇摆，时刻面临着倾覆的危险。

吴国先锋部队像一把锋利无匹的宝剑，所向披靡，划破了楚师的防线。吴国大军昼夜兼程，十天后攻进郢都。

来不及撤退的郢都平民们奋起抗争，明明知道是以卵击石，却舍命相搏。楚国大夫蒙谷，在熊熊烈火中冲进楚宫，抢救出了楚国

① 张正明：《楚史》，湖北教育出版社1995年版，第79—80页。

法典《鸡次之典》，用双手举过头顶游过汉水，潜入云梦泽。

伍子胥命令甲士掘开楚平王的坟墓，将其已经腐烂的尸体拖出来，挥起长鞭，足足抽打了三百鞭，抽得腐肉乱飞、山河失色。

有一位叫申包胥的楚国大夫，曾经同伍子胥是至交，面对如此暴行，他痛心疾首，暗暗发誓道："你伍子胥想要灭掉楚国，我申包胥一定会复兴楚国，不信你等着瞧吧！"

申包胥奔赴秦国请求救援，一路历经千辛万苦，"跋涉谷行，上峭山，赴深溪，游川水，犯津关，躐蒙笼，蹶沙石，蹠达膝，曾茧重胝，七日七夜，至于秦庭"。

在秦哀公的朝堂上，申包胥晓之以理说："吴国就像一头大野猪、一条大蟒蛇，对天下诸侯张开血盆大口，想要逐个吞食。敝国与贵国接壤，如果楚国今天灭亡了，贵国就会是他们明天的目标，为两国安危计，请快快出兵相救吧！如此大恩，楚国将会世世代代铭记在心，心甘情愿做您的属国。"秦哀公听后，不为所动，因为他觉得事不关己，心想："楚秦间关河万里，况且秦国有山川之险，吴楚相争，孰存孰亡，与我们秦国有什么干系呢？"

申包胥再次进言，秦王依然不予理睬。当他还想进言时，秦哀公干脆下令宫廷卫士将他轰出朝堂。

申包胥站在寒冷的冬天里，茕茕孑立，万箭穿心，但他不肯离去！他不愿离去！他不能离去！

朔风悲号，暴雪狂舞。申包胥想到楚国沦陷的命运，想到正在死亡线上挣扎的楚国民众，不禁失声恸哭，七天七夜粒米未进，滴水未饮。哭得眼泪流干了，后来流出来的是鲜血；哭得声音嘶哑，最后是无声的长啸。此情此景，纵然是铁石心肠，也难免不被感化。

申包胥直哭得冰雪消融，朔风停息。第八天早晨，雪后天霁，万里无云。秦哀公终于为他的坚毅和忠诚所打动，无不感慨地说，楚国有如此忠臣，何患不能复国，并当场赋诗一首，这就是脍炙人口的《诗经·秦风·无衣》：

岂曰无衣？与子同袍。
王于兴师，修我戈矛。与子同仇！
岂曰无衣？与子同泽。
王于兴师，修我矛戟。与子偕作！
岂曰无衣？与子同裳。
王于兴师，修我甲兵。与子偕行！

秦哀公立即决定出兵相助。申包胥叩首九次，长跪不起。

五百辆兵车，满载着持戈操弓的秦国甲士，车轮滚滚，搅起漫天征尘，向着东南进发。

吴师败退，楚国复国，楚昭王重返郢都。昭王对蒙难期间救驾护国的大臣将士论功行赏，申包胥位列重赏人员之列，但他说："我坚持这样做，不是为了享受荣华富贵，而是为了楚国社稷不亡于外侵，楚国百姓不死于战乱。"于是，他坚决地辞谢了楚王的赏赐，不久便辞官归隐，在荆山之中安享余年。

申包胥哭秦庭的故事，一直被作为爱国的美谈流传于世，申包胥也因此赢得了世人的爱戴。

（四）碧水忠魂

作为楚国爱国者典范的屈原，既是古代爱国者的翘楚，也是后世爱国者的楷模。

屈原，名平，字灵均，出生于公元前 339 年，即楚威王元年，其故里在今天的湖北秭归。

屈原 10 岁前后，楚国成为东方第一大国，版图面积仅次于当时世界第一大国——亚历山大帝国。楚威王在这一年去世，临死之前，他预见到了楚国强大和繁荣背后潜在的危险，不无忧虑地对苏秦说：

> 寡人之国，西与秦接境，秦有举巴蜀、并汉中之心。秦，虎狼之国，不可亲也。而韩、魏迫于秦患，不可与深谋，恐反人以入于秦，故谋未发而国已危矣。寡人自料，以楚当秦，未见胜焉。内与群臣谋，不足恃也。寡人卧不安席，食不甘味，心摇摇如悬旌而无所终薄。①

后来的事实证明，楚威王的担心并非杞人之忧。

屈原 20 多岁时就成为楚怀王的左徒，并且担任了掌管楚公族三姓（昭、屈、景）事务的三闾大夫，深受怀王的信任。当时的楚怀王，热心于改革弊政，颇有振作之志，屈原得以实现他的变法主张，对内严明法度，限制贵族权力，选贤任能，实现“美政”；对外合纵抗秦，多次出使齐国，结盟东方六国，楚怀王由此成为六国联合抗秦的“纵约长”。

但是，屈原的改革却遭到了楚国贵族的极力反对，他们联合怀王身边的权臣，在楚怀王面前极力诋毁屈原。众口铄金，积毁销骨，怀王终于相信了谗言，“怒而疏屈平”。屈原遭到党人的陷害，不得不离开郢都，流落到汉北。

屈原被疏远之后，新法自然半途而废，而此时的外交形势也发生了重大转变，秦国极力破坏楚齐联盟，委派张仪买通了楚国权臣令尹子兰、上官大夫和楚王宠妃郑袖等人，合谋陷害屈原。同时，又以“商於之地六百里”诱惑楚怀王，前提条件是让楚国“北绝齐

① 刘向：《战国策》，上海古籍出版社 1985 年版，第 503 页。

交”。楚怀王失察，中了秦人的奸计，在战场上损兵折将，抗秦的战略要地汉中郡也落入秦国手中。

经过一个又一个重大挫折之后，楚怀王最终还是认识到了屈原内政外交政策的正确性，于是重新起用屈原，委派屈原出使齐国重修旧盟。但屈原的政治主张又一次触犯了贵族们的利益，他们群起而攻之，公元前 295 年，屈原再次被逐。从此，屈原在沅、湘流域漂泊，虽身在江湖，仍心系庙堂。

四处漂泊的屈原

公元前 278 年，秦将白起攻破楚国都城郢都。国都沦陷，宗庙被焚，黄钟毁弃，瓦缶雷鸣。楚国的命运骤然逆转，由盛而衰，夕阳西下。屈原眼见楚国的衰亡不可挽救，个人的理想不能实现，行吟泽畔，辗转难眠，含泪写下《九歌》《哀郢》《涉江》《怀沙》《惜往日》等诗作。

次年春天，秦军渡过洞庭湖，大举攻掠江南，为了保全完美而高贵的人格，屈原怀着殉国之志，纵身投入汨罗江，时在公元前277年农历五月初五，享年62岁。

楚地民间传说，屈原投江的那一天，当地民众争相划船前来相救，打捞屈原而未果，因为害怕屈原的尸体被江中的鱼虾伤噬，就用糯米、笋叶包成粽子，投到水中喂食鱼虾，希望它们吃饱后不要伤害屈原的尸体，端午节吃粽子、划龙舟的习俗就由此而来。多少年来，人们对屈原的思念历久弥新，端午节也因为寄托了民众对屈原的无限敬仰和尊崇，成为中华民族最珍贵的节日之一。

屈原的爱国思想，贯彻在他一生的行状之中，熔铸在他的全部作品之内。以屈原为表率的楚人的爱国精神，对我们中华民族气节的锻铸产生着强劲的驱动力。“屈平词赋悬日月，楚王台榭空山丘。”为民请命的诗人是永远不朽的，爱国诗人屈原犹如一座丰碑，千秋万代耸立在中华儿女的心中！

秭归屈原祠

（五）家国情怀

楚人九死未悔的爱国主义精神，激荡着一代又一代的中国人民反抗强权和暴政，争取自由与和平，不惜抛头颅、洒热血，为国效命，万死不辞。

公元前 210 年 10 月，秦始皇一行浩浩荡荡，南巡楚地。但见旗幡招展，刀剑森森，车马飞驰，威武之极。

在观看热闹的人群中，时为沛县泗水亭长的楚国遗民刘邦不无感慨地说："大丈夫就该如此！"一旁的另一位楚国贵胄之后项羽却是另一番心态，他暗自发誓："彼可取而代之！"

秦朝的暴政，很快激起了人民的反抗，尤其是故楚之地的人民，反抗最为激烈。

次年，楚人陈胜、吴广带领 900 名戍卒前往渔阳，因为秋雨连绵，泥泞塞途，行走艰难，被滞留在大泽乡，动弹不得，眼看已经误了限期，按照秦朝法律当斩无疑。与其坐以待毙，不如放手一搏，陈胜、吴广当机立断，铤而走险，打出反秦旗号，以"张楚"（复兴楚国）来号令天下，"斩木为兵，揭竿为旗"，一路狂飙突进。

此时，楚人刘邦因为放走役徒担心被杀，正亡匿于山泽之中，听到陈胜、吴广起事的消息，即刻呼啸而起，率领萧何、曹参、樊哙等人举事，一路攻城略地，所向披靡。

楚人项梁和项羽叔侄也闻风而动，募得江东子弟精兵八千，树起反秦义旗。项羽力能扛鼎，勇猛异常，阵上未遇三合之将，吴中子弟无不钦佩他的神勇。

因外有章邯率领的秦军猛攻，内有义军的内讧消耗，陈胜、吴广的反秦义军最终四分五裂，一蹶不振，归于覆灭。

项梁在民间找到楚怀王的孙子熊心，推其为王，仍称楚怀王，以此收揽人心。当时的人们同情楚怀王的不幸遭遇，故楚之地的人们对暴秦更是切齿痛恨，纷纷响应，加入义军。

公元前 207 年春天，项羽率领义军，破釜沉舟，在巨鹿与秦军连战九场，大获全胜。

刘邦则在张良、陈平等人的辅佐下，避实击虚，如秋风扫落叶般直逼咸阳，攻入秦宫。旋又听从张良之计，还军灞上。项羽摆下鸿门宴，刘邦在项伯的暗中帮助下逢凶化吉，成功逃过一劫。

公元前 207 年，暴秦灭亡。“楚虽三户，亡秦必楚”，楚国南公的预言终于实现。此后，同是楚人的刘邦和项羽展开了历时三年半的楚汉争战，最终刘邦胜出，建立了汉朝。

正是屈原九死未悔的爱国主义精神，激荡、呼唤着楚人奋起反抗一切疯狂的暴政，义无反顾地抵御所有外敌的侵略。“楚虽三户，亡秦必楚”，屈原的爱国主义精神一直在楚人滚烫的血脉中奔涌不已，荆楚儿女反暴政反侵略的爱国主义传统，始终在荆楚大地上薪尽火传。

及至近代，楚人后裔血管里奔涌的爱国热血也未曾消歇。

近代维新派中坚楚人后裔谭嗣同为国家变革图强，发出了“今中国未闻有因变法而流血者……请自嗣同始”的悲壮遗言。大哲学家熊十力的父亲熊齐相只是一介乡儒，但他的临终遗言却催人奋进：“穷于财，可以死吾之身，不能挫吾之精神与意志！”

1905 年底，楚国故地湘人陈天华在日本东京大森湾蹈海而死，殉国前留下绝命书，以“坚忍奉公，力学爱国”八个字呼唤救亡图存。另一位楚地湘人黄兴在日本东京留学时，有意违犯日本“学生不可赤膊”的学规，经常光着上身，敲打着搪瓷脸盆，摇摇摆摆地走进自修室。对于黄兴无声的反抗，鲁迅先生极为赞赏，认为他显示了“楚人反抗的蛮性”。

辛亥革命前夜，有一个叫冯特民的楚人后裔，在楚地武昌主办的名为《汉声》的报刊上，发出一篇题为《楚魂》的文章，文中赫然写着这么两句振聋发聩的预言：“推翻封建帝制，只有推翻秦朝的楚人来完成。”时隔一年，武昌首义的枪声宣判了在中国延续了2100多年的封建帝制的死刑。辛亥革命进一步激发了楚人后裔的强国之梦和爱国之情。1915年5月24日，签订“二十一条”的消息传到故楚地长沙，年仅19岁的故楚地湖南学生彭超愤然投入湘江，他在血写的遗书中说：“5月7日，日本之最后通牒报来，我祖国四千六百余年之神明土地，从此为外人破矣，能不伤哉！能不痛哉！我同胞应知我国之最可哭、最可惨、最可羞、最可耻的事，莫过于此次之外交失败！吾有何面目以对国家也？其将何求以救国也？”

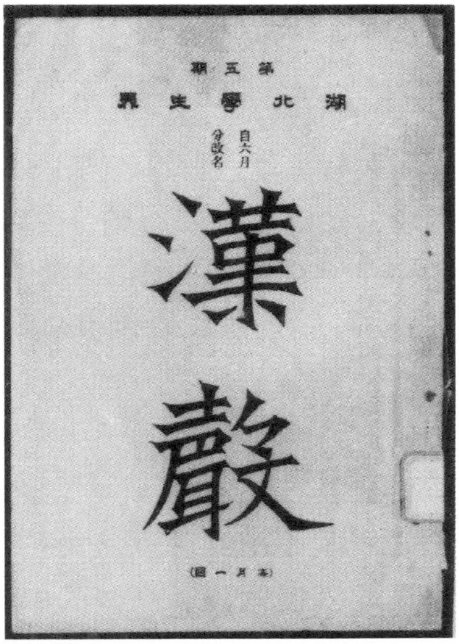

《汉声》

近代故楚地两湖民风强悍，士人性格坚忍，勇于任事，敢于牺牲，正是楚人爱国精神的延续与回声。

在中国现代史上，无论是中国共产党人，还是进步民主人士，没有不从以屈原为代表的楚人的爱国精神中汲取力量的。

楚民族的爱国精神，给生于楚地、长于楚地的毛泽东以巨大的影响。毛泽东在其长沙求学时的读书笔记前面恭敬抄录屈原的《离骚》和《九歌》，在很大程度上表露出他对以屈原为代表的楚人爱国精神的崇敬与追慕。1925年，面对军阀混战，山河破碎的局势，毛泽东在其所作的《沁园春·长沙》一词中，发出了“问苍茫大地，谁主沉浮”的悲壮呼号，并由此勾起了对少年时代“到中流击水，浪遏飞舟”的爱国激情的回忆。而词中的“沉浮”，分明出自《庄子·知北游》“天下莫不沉浮，终身不故”；“击水”，显然源于《庄子·逍遥游》“鹏之徙于南冥也，水击三千里”。1935年10月，为了反对久有亡我之心的帝国主义，毛泽东在其所作的《念奴娇·昆仑》一词中，发出了“安得倚天抽宝剑，把汝裁为三截”的愤懑诘问。此句中的“倚天抽宝剑”，则来自楚人宋玉《大言赋》：“长剑耿介，倚天之外。”正如有的研究者所说的，“毛泽东的热烈的爱国主义精神和坚决的革命精神，可以说是同他追求真理之日同时俱生，与日俱增的”。

中国共产党创始人之一李大钊，也深受楚人爱国精神涵煦，连美国著名学者施奈德也认为：以屈原形象为代表的忠贞，培育了李氏高度的浪漫气质、强烈的中国人的爱国精神。

闻一多

楚人的爱国精神，积淀为中华民族的心理晶体。每当中华民族面临生死存亡的关头，《国殇》就成为一首悲壮的战歌，屈原的名字就变成一面火红的战旗，激励着众多志士仁人，感召着无数平民大众。

闻一多由于早年在艺术思想上受到唯美主义的影响，所以他在清华读书期间的大部分诗作都不同程度地流露出感伤的情调，而赴美留学则是他从歌唱艺术的美转向直接歌颂爱国主义的界标。

在美国，他对帝国主义的种族歧视和民族压迫有着切身感受："一个有思想之中国青年，留居美国之滋味，非笔墨所能形容。……彼之贱视吾国者一言难尽。"这种触及灵魂的刺激使他留美期间的不少诗作洋溢着强烈的爱国主义情感。他在《爱国的心》里向祖国剖陈了自己一颗火红的爱国心，那心中"有一幅旌旗，没有风时自然摇摆"，"心腹里海棠叶形，是中华版图的缩本"。然而，当诗人怀着对祖国的无限思念和热爱回国后，出现在他面前的确是军阀统治下的政治腐败、民不聊生的黑暗现实，他不能不感到失望、焦虑、愤懑和迷惘，以至在《发现》中发出使人心房震颤的激越呼号："这不是我的中华，不对！不对!"于是，诗人又以关切的目光，注视着在苦难中挣扎的人民，对他们不幸的命运寄予深切的同情。如果说，回国前闻一多坚定不移的爱国信念有如屈原对祖国忠贞的"深固难徙"，那么，此时诗人对灾难深重的人民的同情就同屈原的"哀民生之多艰"如出一辙了。他回国后的诗集《死水》，实践了他的信念："诗人主要的天赋是爱，爱他的祖国，爱他的人民。"

在武汉求学和投身革命的恽代英身陷囹圄，用鲜血写下了"已摒忧患寻常事，留得豪情作楚囚"的豪迈诗句。籍贯湖北秭归的夏明翰面对刽子手的屠刀，慷慨吟诵"砍头不要紧，只要主义真。杀了夏明翰，还有后来人"。鄂东陈潭秋以《楚光日报》作为声讨军阀的阵地，取名楚光，意在光大楚人精神。

在日寇铁蹄踏入神州版图之际，郭沫若创作了剧本《屈原》。著名鄂籍学者黄侃早年曾投身民主革命斗争，后专意治学，但他的心总是系在民族的命运上，直到弥留之际，他还向家人询问日寇侵略我国的近况，叹息："国事果不可为乎?"著名学者顾颉刚对上古历史文化多持怀疑态度，但他对楚文化却情有独钟，"九一八"事变后，他在北京办起了三户书社，以"楚虽三户，亡秦必楚"的古语来号召人们抗日图存。

楚文化的爱国主义传统，与天壤同久，与日月齐光，更表现在楚人后裔踊跃投身于新民主主义革命的洪流。在中国共产党第一次全国代表大会的 13 名代表中，来自故楚地两湖地区的就有 9 人，即湖南的毛泽东、何叔衡、李达、周佛海和湖北的李汉俊、董必武、陈潭秋、刘仁静、包惠僧，占代表总数的 70%。1955 年我军授予的十大元帅、十位大将和 57 位上将中，两湖籍元帅有 4 人、大将有 8 人，上将有 32 人，分别占各自总数的 40%、80%和 56.1%。湖北红安、湖南平江、湖北大悟、湖南浏阳等多个县因将军数量众多而被称为“将军县”，湖北红安更是被公认为“中国第一将军县”，众多爱国志士出自故楚之地，绝非偶然！

人们常用九头鸟来形容湖北人，殊不知这九头鸟的祖先正是湖北人的祖先楚人崇拜的九凤神。中国最早的一部神话著作《山海经》，曾描绘楚国地域内有一种鸟，名叫九凤。这九凤长着九个头，所以又叫九头凤。它是楚人崇拜的神鸟，后来的九头鸟，就是以九头凤为原型的。这世上所无、人间未见的奇特的九头鸟，正是楚文化的精魂。头是智慧、生命和意志的象征，鸟有九头，意味着思维的敏锐、生命力的顽强和意志的坚忍，这正是楚人的特征。1936 年 10 月，中国工农红军会师陕北时，毛泽东曾对从荆楚大地走出的红二方面军、红四方面军和红二十五军说：“天上九头鸟，地下湖北佬。敌人四次‘围剿’砍了你们四个脑壳，还有五个脑壳，九头鸟不得了，九头鸟要翻天哩！”被砍掉几个头颅的“九头鸟”依然毫无惧色，前仆后继，靠的是爱国精神的滋养、激励和支撑。

六

一诺千金的诚信品格

“诚信”一词，由“诚”和“信”两个字组成，由于二者意义相近，常常被相互替代或并称对举，一直到东汉许慎的《说文解字》，仍然是以诚释信，以信释诚。而今，对“诚信”最通常的解释是：诚，指诚实、真诚、诚意和不弄虚作假；信，指守信、信任和信用，诚恳待人，以信用取信于人。一言以蔽之，诚信就是要求人们待人处事真实诚恳、以信取人，做到言必信、行必果，一诺千金。

诚信是中华民族的优秀传统美德，是历代中国人民最为崇尚的品质，一直被人们视为安身立命之本、道德修养之基。所以，在中国历史上，诚信楷模层出不穷，诚信典故比比皆是。

春秋战国时期，各诸侯国留下了许多重视诚信的典故，如曾参杀猪、徙木立信等。楚国作为春秋五霸之一和战国七雄之长，在800多年的历史长河中，创造了灿烂辉煌的文明成果，也给后世留下了无比宝贵的精神财富。最能代表诚信品格的成语“一诺千金”，就出自楚人之口并在楚地流传开来，是楚文化的沃土孕育出来的一朵高洁之花。一诺千金的诚信品格成为楚人一个极其鲜明的精神特征。

（一）尚情崇义

春秋战国时期，列国纷争，烽烟四起，社会常常处于一种竞争失序的状态，国际交往中尔虞我诈、人际交往中言而无信的情形司空见惯，以致各国间出现了歃血为盟、易子而质以保证信用的无奈之举。为了在夹缝中生存下去，不少人信奉的是丛林法则——在有限的自然资源条件下，优胜劣汰、弱肉强食的规律法则。各国为了自己的利益，征伐不断，国无定君，君无定臣，诚信被无情地挤压、撕裂和抛弃，利益至上成为一些人的信条。“朝秦暮楚”“尔虞我诈”“兵不厌诈”“朝三暮四”“见异思迁”“疑神疑鬼”“出尔反尔”等典故，都是在这一特殊历史时期开放出的罪孽之花。

面对愈演愈烈的背弃诚信之风，人们对于诚信的渴望也更加强烈。楚国就有一位唯诚不唯上的奋扬。

奋扬与太子建友善，双方都引以为知己。未料楚平王听信谗言，欲除太子建而后快，便派奋扬去杀他。奋扬深知太子的冤屈，事先派人通知太子建，然后再赶过去。太子建听到消息，就带着自己尚在襁褓中的儿子，连夜逃到宋国去了。奋扬到达后，叫守城大夫逮捕自己，押回郢都。楚平王审问他说：“杀建的命令，从我嘴里说出，进到你的耳朵里，没有第三个人知道，是谁走漏了消息?”奋扬说：“消息是我告诉太子的。”楚平王听到后无比震怒，厉声吼道：“你为什么要违抗我的命令?”奋扬沉着地回答说：“当初君王对我说：‘你侍奉太子应该像侍奉我一样。’我当时郑重答应了您。后来您又要我去杀他，我就不敢苟且反复了。我放走太子建是为了信守最初对您的承诺，而不忍心执行君王后来的命令。”平王略一沉吟，又问："那你为什么敢回来呢?"奋扬说："下臣没有完成君王交给我杀死太子的使命，如果召我而又不回来，岂不是又一次违背了你的命令了吗? 这样不信守承诺的人，哪里会有我的安身之地呢?"楚平王这时已冷静下来，他理解奋扬是出于同太子建的深情厚谊和信守最初对自己的承诺，不但没有杀他，反而让他继任原职。

如果说奋扬是忠于友情的楷模，那么尾生则是忠于爱情的典范了。《庄子》以简洁生动的笔触描述了尾生抱柱之事，后人加以演绎，铺衍出一段凄美的爱情故事。

春秋时期，在鲁国曲阜有一位叫尾生的年轻人，与圣人孔子是同乡。尾生为人正直，乐善好施，和朋友交往讲求信用，受到四乡八邻的普遍赞誉。有一次，他的一位亲戚家里调料用完了，来向尾生借，恰好尾生家也没有，但他并没有回绝这位亲戚，而是笑着说："你稍等一下，我里屋还有，这就进去拿来。"尾生悄悄从后门出去，赶紧向邻居借了一罐调料，返回后转手交给了那位亲戚。孔子知道这件事后，就以乡里老大的身份，批评尾生为人不诚实，认为完全没有必要弄虚作假。尾生却不以为然，他觉得能够真正帮助别人才是最重要的，自己虽然说了谎，但本意是好的，谎言不也有善意和美丽的吗?

后来，尾生迁居梁地（今陕西蓝田一带)，认识了当地一位年轻漂亮的姑娘，两人一见钟情，私订终身。但姑娘家里人却不同意这门婚事。为了爱情，两人决定私奔。

一天，两个恋人相约到城外木桥见面，携手远走高飞。黄昏时分，尾生如约而至，却一直没等来他心爱的姑娘。这时候，突然乌云密布，狂风怒吼，雷鸣电闪，滂沱大雨倾盆而下，转眼间山洪暴发，滚滚河水裹挟泥沙呼啸而来，淹过了桥面，没过了尾生的膝盖，还在继续上涨……而此时，姑娘因为出门时被父母发现，被锁在家中不得脱身。“城外木桥，不见不散”，尾生默念着与姑娘的誓言，死死地抱着桥柱不放，最后被活活淹死。潮水退去，疯狂般赶来的姑娘看见死去的尾生依然双手紧紧抱着桥柱，内心悲痛欲绝，抱着他纵身投入滚滚河水中。

对于尾生的做法，尽管历来见仁见智，但无论如何，我们不能否认他对诚信的坚守与执着。在我国古代，人们非常重视诚信的品德，绝大多数人都将抱柱而死的尾生奉为信守承诺的贤者，因此，历代文人墨客对尾生多有褒扬之语，并且成为古人文艺创作时用典的来源，如“抱桥”“抱梁”“抱柱信”“桥下期”“水至不去”等等。三国时嵇康在《琴赋》中写道：“比干以之忠，尾生以之信。”李商隐《过楚宫》诗云：“巫峡迢迢旧楚宫，至今云雨暗丹枫。微生尽恋人间乐，只有襄王忆梦中。”李白在《长干行》中感叹：“常存抱柱信，岂上望夫台。”骆宾王在《代女道士王灵妃赠道士李荣》云：“只言柱下留期信，好欲将心学松蕣。”汤显祖在《牡丹亭》中写道：“尾生般抱柱正题桥，做到地文星佳兆。”到近现代，更有评论家将“尾生抱柱”视为美国经典电影《魂断蓝桥》的祖型。

楚人庄子将“尾生抱柱”的故事完整地载入他的著作中并加以褒扬，传达出他对诚信价值观的肯定与推崇，实际上也是先秦楚人重诺守信价值观念的自然流露。

（二）重诺轻财

在楚人心目中，诺言是无法用金钱和财物衡量的，而诺言的前提就是诚信和道义。伍子胥遭受费无极等人迫害，背着公子胜逃过昭关，来到楚吴交界处，一条大江横亘眼前，而后面追兵的马蹄声已隐约传来，正万分危急，江上有渔船顺流而来，伍子胥大声疾呼：“渔父渡我！渔父渡我！”渔父担心附近有人，便唱起渔歌，暗示伍子胥到前面芦苇中隐蔽的地方让他上了船，把他渡到了对岸。

伍子胥解下自己身上的佩剑送给渔父说:“这是我祖传的一柄宝剑,上面镶嵌有七颗宝石,价值百金,现赠送给您,以报您救命之恩!”渔父说:“我听说楚国有命令,只要捉到伍子胥,赐粟五万石,封以执珪的爵位,其价值远远超过您的百金之剑,我救您难道是为了贪图钱财吗?是敬重您的侠肝义胆啊!”伍子胥又问渔父姓名,渔父说:“今日萍水相逢,却心有默契,何必问什么姓名,您是‘芦中人’,我是‘渔丈人’,今日承诺相救,已成生死之交,富贵之后莫相忘!”伍子胥热泪纵横,请他万勿被人发现,背起公子胜叩谢而别。伍子胥走出不数丈,待回头看时,渔父已弄翻了渔舟,自沉于江中。因为楚国有令:“隐匿伍子胥不报者,杀无赦!”伍子胥不禁肃然起敬,默哀良久才怅然而去。

无独有偶,另一件重诺轻财的故事也发生在故楚地。

秦朝末年,故楚地有个叫季布的人,言而有信,仗义疏财,答应别人的事情,一定竭尽全力去做,从不使人失望。民间甚至流传着这样一句话:“黄金千两,不如季布一诺。”这也是成语“一诺千金”的由来。很多人非常敬重季布并与他建立了深厚的友谊,就是因为他的诚信。

当刘邦、项羽相争时,季布是项羽麾下的一员大将。他为项羽出生入死,冲锋陷阵,立下了汗马功劳。为此,刘邦对他深为忌恨,视为眼中钉、肉中刺,一登上皇位,就迫不及待地下令以千两黄金的重赏捉拿季布。

季布为避杀身之祸,剃发更衣,换名改姓,到一个姓朱的朋友家里当佣工。朱家明知他是朝廷要犯,但感于他的侠肝义胆,仍热心地收留了他,待之如初。而那些敬慕季布的人,也都在暗中帮助他。就这样,即使刘邦下令悬赏千金捉拿季布,季布的故旧新知不仅未被重金所诱,反而冒着株连的危险争相保护他,使他免遭祸殃。刘邦眼看千两黄金难敌季布的诚信,便撤销了通缉令,改用怀柔的方式使得季布归附。

一个人诚实有信，自然得道多助，不仅能获得大家的尊重和友谊，有时候还可以逢凶化吉，季布就是一个鲜活的例证。司马迁在《史记》中就深有感触地写道："得黄金百斤，不如得季布一诺。"唐代诗人李白在《叙旧赠江阳宰陆调》中咏道："一诺许他人，千金双错刀。"季布成为中国历史上重然诺、守诚信的标志性人物。

（三）诚信之邦

正因为楚人重然诺，以一诺千金为道德规范，所以在楚国，无论是军事外交，还是治国理政，都格外遵守诚实守信的道德准则。

楚庄王复陈，是楚人军事外交上践信守诺的一个范例。

公元前 598 年，楚庄王为了加强对中原地区的控制，借惩处陈国逆臣夏征舒之机，出兵伐陈。出征前，楚庄王特别声明：此次征伐，只追杀有弑君之罪的夏征舒，不会惊扰陈国百姓。因为实力悬殊，楚军轻而易举就攻进了陈都，捕杀了夏征舒。

然而，楚庄王忽然改变了初衷，他当众宣布：将陈国改为楚国下属的一个县。正当大家纷纷向楚庄王道贺时，楚国大夫申叔时却默默不语。楚庄王问其原因，申叔时说：民间有一种说法，有一个人牵着牛践踏了别人的田埂，这个人虽然做得不对，但田主却因之强行将牛据为己有，这就未免太过分了。大王也是一样，你伐陈时只宣布要惩罚夏征舒的罪孽，是用仁义的名义来兴师征伐的，但为了本国的利益却把别人的国家也灭了，甚至还要改为自己的属县，今后如何号令天下？所以我不能祝贺大王。庄王如梦方醒，立即宣布收回成命，履行诺言，还派人去把已逃到外地避难的陈国公子午迎接回陈国，扶上王位。

楚庄王复陈之举，影响十分深远，孔子对楚庄王的做法曾予以高度评价，称赞道："贤哉楚庄王！轻千乘之国而重一言。"楚庄王在位期间“并国二十六，益地三千里”，可见其武功之盛。实际上，他不仅建立了宏伟的霸业，也为后世军事外交立下了诚信的标杆。

在国家内部治理方面，楚国君王也特别注重以诚信赢得民心，他们笃信取信于民是治国理政的前提之一，不能取信于民，就得不到民众的拥护和支持，也就不会有稳固的政权。西汉贾谊在《新书》中记载了这样一则轶闻：

有一次，楚文王睡觉的时候，梦见一个人对自己说：“我是城内东北角的一副枯骨，因冤屈而死，请您赶快用君王的礼节来埋葬我，以示悔改之心。”楚文王说：“好吧！我答应你，请放心。”

梦醒以后，文王赶紧让大臣们去查看，果然那里有一副枯骨。楚文王说：“赶快用君王的礼节埋葬他。”大臣回答说：“这副枯骨又不知道是谁，以大夫的规格来埋葬就够抬举他了，怎么可能越规享受国君的葬礼呢？”楚文王说：“我在梦中已经答应他了，难道要我违背自己的承诺吗？”

楚国士人和普通老百姓听说这件事以后，都说：“我们的君王不因为做梦的缘故而违背自己对死人许下的诺言，何况对活着的人呢？”从此，民众更加信任文王了。

楚人对诚信的坚守，也体现在对诚信教育的重视上，上至君王，下至庶民，都谨遵以诚信为本。

《吕氏春秋》记载了这样一个故事：

楚文王幼年的时候，他的父亲武王给他请了一位名叫葆申的师傅。因武王在位时间长达50余年，文王继位时已是人到中年了。一次，楚文王得到了一只茹邑出产的良犬，一批宛邑制作的利箭，爱不释手，便兴冲冲地跑到云梦泽一带打猎游玩，打猎期间又意外得到了一位被称为“丹之姬”的美女，宠爱有加，更加不想上朝理政了，以致三个月都没回到国都。

目睹这一切，葆申按捺不住了，对文王说：“先王命臣做大王的师傅，我理当信守承诺，尽心尽责。现在大王有罪，臣请大王受罚。”

文王说：“寡人如今不再是小孩子了，更何况我眼下的地位已经与诸侯同列，再说寡人可以改过呀，还请师傅免除惩罚吧！”

葆申说：“臣受命于先王，承诺要当好师傅，绝不敢食言。如果不让大王受罚，就有违先王之命了。臣宁可开罪于大王，决不失信于先王。”

文王无奈，只好趴在席上，甘心受罚。葆申先把50根细荆条扎成一捆，然后轻轻地在文王背上象征性地敲了几下，文王觉得一点也不疼，便说受罚不受罚还不是一个样吗？葆申听了深感痛心，要投水以请死罪。文王这才醒悟认错，当即下令杀死那只良犬，折断那些利箭，还驱逐了美女丹之姬，从此专心朝政。

在楚国，像葆申这样忠信为政的大臣为数甚多，他们无论职位高低，都忠于职守，诚信为国，鬻拳即是如此。

公元前684年，因为一件外交事件，蔡侯得罪了楚文王。盛怒之下，楚文王架起油鼎，准备烹杀蔡侯，用以祭祀太庙。

杀掉一个小小的蔡侯对楚文王来说也许轻而易举，但这会给楚国带来道义上的被动——其他诸侯很有可能在恐惧之余，联合起来共同对抗楚国。这样一来，楚国北上中原的道路就会更加艰难。楚国大臣鬻拳审时度势，觉得文王此举弊大于利，虽可解一时之恨，却会使楚国陷入四面受敌的境地。

于是，鬻拳立即面见楚文王，并劝说道："蔡侯杀不得！楚国刚入中原之地，您就用这么残忍的手段杀害被俘虏的诸侯，实在是难以让其他诸侯归服。如果我们放过他，并与蔡国结盟，既得盟友，又能让其他诸侯国信服，岂不是一举两得吗？"

文王正在气头上，根本听不进鬻拳的劝诫，执意要烹杀蔡侯。鬻拳又气又急，情急之下，突然拔刀架在楚文王的脖子上，激愤地说："我宁可与你一同去死，也不愿见您失信于天下诸侯！"楚文王吓得不轻，连忙让人撤下油鼎，放过了蔡侯。

鬻拳见状，赶紧丢下大刀跪倒在地，沉痛地说："大王能听臣的建议，是楚国的福气。但为臣者胁迫君王，罪当万死。"鬻拳请求文王处置自己，文王素知他刚直不阿，并没有怪罪他的意思，而是羞愧地说："我明白你是一片诚心，怎么会怪罪你呢？"可鬻拳却喃喃自语道："王虽赦免臣，臣何敢自赦？"话音未落，他操起佩剑，忍痛砍断了自己的一只脚。

鬻拳此举，惊呆了在场的所有人，文王赶忙派人救治鬻拳，并将鬻拳斩下的一足供奉于太庙，作为对自己的警示。

文王非常欣赏鬻拳的忠诚，于是让致残的鬻拳掌管国都城门。有一次，文王亲自率部讨伐临近的巴国，铩羽而归。当文王率兵回到郢都时，守卫城门的鬻拳竟然拒不打开城门，执意不让文王进城，理由是按楚国先王的规定，败军之君不得进城回宫。文王毕竟有自知之明，决定将功补过，立即转身率部去攻打淮水上游的小国黄国，最终得胜回城。一个守卫宫门的小吏竟敢拒战败的国君于城门之外，这在其他国家是不可思议的，但在忠信为本的楚国则是一种规矩。

鬻拳认为自己又一次冒犯了君王，于是再断一足，并引剑自刎，后被安葬在文王墓前。鬻拳的行为，说明他是一个视诚信为生命的忠臣，而文王的态度，则充分显示出他是一位信守规矩的君主，二人共同为国人树立了臣以诚事君、君以信待臣的榜样。

楚人讲求诚信，充分体现在人际交往中，伯牙子期信守承诺的故事，就是一个生动的典型。

子期是楚国一名普通樵夫，汉水之滨马鞍山（今武汉蔡甸）人。他懂音律，知乐理，对音乐有着独到的悟性，不管什么乐曲，只要经他一听，便可道出其中的意蕴。

晋国上大夫伯牙，不仅治理国家有方，而且精通音律，尤其弹得一手好琴。只是偌大一个晋国竟然都找不到一个懂得他的琴艺的人。为此，他感到非常苦闷。

有一年，伯牙奉命出使楚国，他选择了乘船出行，当舟泊汉阳龟山时，皓月当空，江风徐徐，不禁一时兴起，取出瑶琴，面对眼前的龟山和汉水，忘我地弹奏起来。悠扬的琴声伴着雨后的轻风，传到了正在不远处砍柴的子期耳中，他大为惊叹，立即停下手中的柴刀，循着琴声，来到汉水边，隐于树后静静地聆听，并伴着琴声的轻重缓急，颔首击掌，陶醉其中。

五弦琴

伯牙越弹越有兴致，尽情地抒发着内心的快感，忽然，他感到琴弦一阵战栗，心里不禁微微一震：莫不是附近有人在暗中听琴？

伯牙快步走出船舱，借着月光四下搜寻，发现了正在凝神听琴的子期。

伯牙恭敬地将子期请到船上，恳切地说：“先生，我想特意为你弹奏一首曲子，好吗？”子期激动地连连称谢。

五弦琴（局部）

伯牙沉思半晌，决定演奏以高山为主题的曲子，琴声一起，子期马上说道：“美哉巍巍乎，大人之意，志在高山也。”

伯牙从内心感到叹服，又决定以江水为主题再奏一曲，琴声再起，子期会心一笑说：“美哉汤汤乎，大人之意，志在流水也。”

伯牙心中大惊，推琴而起，万分激动地对子期说：“这个世界上只有你才懂得我的心声，你才是我真正的知音啊！”于是，在皎洁的月色之下，伯牙和子期以浩浩汉水为证，结拜为生死之交，并相约第二年同一时间再来此地相会，重叙知音之情。

谁知此次相别竟成永诀，此后不久，子期突染重病，抱憾而终。

第二年，并不知情的伯牙如期赴约，却不见子期，得知噩耗后，不禁悲从中来，深感从此知音难觅。他取出瑶琴，在子期坟头弹奏一曲后，猛然站起，将自己视为生命的琴高高举过头顶，重重砸在地上，只听得啪的一声，名贵的古琴顿时化为一地碎片。这就是千古流传的“伯牙摔琴谢知音”故事的由来。

汉阳古琴台

武汉东湖《知音》雕像

发生在楚国的伯牙与子期的知音故事，具有穿透时空的感染力，启迪人们要珍惜友谊，尊重承诺，讲求信义。

战国时期，眼见楚国国势日隆，齐王特别派遣使臣淳于髡向楚王进献一只非常稀见的鹄鸟，以示友好。谁知在赴楚途中，鹄鸟破笼而出，冲天而去以至不知所终。

一个齐国向楚国敬献礼品的使臣，在途中却把礼品丢失了，这绝对是一件不能宽恕的罪责，按常情，使臣无论是返回齐国还是前往楚国，都只会是死路一条。但淳于髡也有两条充满风险的活路可走：一是逃之夭夭，从此隐姓埋名；二是弄虚作假，花钱重新购买一只相似的鸟献给楚王，蒙混过关。

经过一番激烈的思想交锋，淳于髡选择了诚信，决定空手面见楚王，如实说明原委。在宫廷上，淳于髡对楚王说："齐王派我向大王进献鹄鸟，鹄鸟却因我不慎飞走了。我害怕极了，很想一死了之，又怕人说楚王因鸟伤了使臣；我也曾想另买一只鸟来顶替，又觉得辱没了诚信的品行；我还想逃到别的国家避难，又担心两国因我而伤了和气。思来想去，觉得还是应该讲求诚信，因而前来道明实情，甘愿领罪。"楚王见齐国使臣如此信义，不仅没有怪罪，反而重赏了淳于髡。

这个故事一方面体现了淳于髡的诚信与智慧，另一方面也反映出楚王是厌恶弄虚作假、喜爱忠信之士的。

总之，楚人树信于内、立信于外、取信于民、守信于友……无论是治国理政，还是经商交友，莫不以诚信为本。楚人一诺千金的诚信品格，随着时间流逝，越来越显示出巨大的魅力。

（四）信满天下

楚国虽被强秦所灭，但流淌在楚人血脉之中的诚信品格依然闪耀着光芒，西汉楚王韩信"一饭千金"的事迹就是光芒中的一束。

韩信，楚州淮阴人，战国后期楚州为楚国所辖，因此后来被刘邦分封为楚王。

据《史记》记载，年轻时，韩信穷愁潦倒，经常食不果腹，衣不遮体。无奈之下，他只有以钓鱼为生，有时钓不上鱼，就只好饿着肚子。一位漂母（替人洗衣服的老妪）见韩信可怜，就常常送饭给他吃。韩信感激涕零，表示如果将来有一天能飞黄腾达，一定要重重回报老妪。老妪生气地说："我是可怜你才给你饭吃，难道是希望你报答吗?"

后来，韩信凭借超人的军事智慧，替汉王立下赫赫功劳，功成名就，被封为楚王。回到故乡后，他立即派人去寻找经常给他食物的那位老妪。费尽周折，终于找到了，韩信向她再三道谢，并送给她一千两黄金，答谢她老人家当年的一饭之恩。

漂母之诚，韩信之信，成就了一段人间美谈，如唐代诗人李白就曾感叹不已："千金答漂母，万古共嗟称。"

楚人重然诺、讲诚信的品格，是中华民族所公认的优秀传统道德之一，伴随光阴流转，愈加显示出其生命的活力，也成为中华儿女宝贵的精神财富。许许多多生于楚国故地的先贤为人处世坚守诚信，建功立业成就人生，忠于祖国与人民。1912 年，毛泽东尚在湖南全省高等中学校读书时，曾写过一篇《商鞅徙木立信论》的作文，国文教员给予其 100 分，说明毛泽东很早就重视诚信的价值。毛泽东还吸纳了传统信义价值观的精华，在长期的革命实践中坚持实事求是的基本原则。实事求是作为毛泽东思想的精髓，既是毛泽东诚信思想的菁华所在，也是其诚信思想的凝练表达。实事求是是我们对待马克思主义理论的基本态度，更是全体共产党人特有的品质。

20 世纪中国著名考古学家李济，是湖北钟祥人，他组织领导了近代中国第一次科学考古发掘工作，被誉为"中国考古学之父"。

李济为人坦荡，是非分明，特别是在学术研究方面更是求真务实，一丝不苟。1928 年，有一位参加处理过孙殿英盗掘清陵案善后工作的学术前辈遇见李济，向他讲述自己抚摸乾隆头骨时的感受说：

李济

"我真没有想到，乾隆皇帝的一口牙齿竟保存得如此完好。"

李济不禁好奇地问："乾隆皇帝还剩多少颗牙？"

"40 颗，一颗没少！"老前辈说。

李济脱口而出："这绝对不可能！"

老前辈一再坚持说不会错，并反复强调他亲自数过。

既然老前辈如此认真，一般人也就不会去较真了，但李济却不这样，他耐心地向这位老前辈解释说："科学研究已经充分证明，世界上的人，包括过去的化石人，没有一个人会有 40 颗牙齿的。"

李济接着又十分耐心地告诉他，灵长目各科属动物的牙齿数目，已是一件很清楚的科学事实，无须争辩，至于正常人的牙齿，从来没有超过 32 颗的。

李济对学术的认真和执着，弄得老前辈面红耳赤，但他却从心底佩服李济对学术研究的诚信和渊博的学识。

近些年来，在荆楚大地，诚信典范更是层出不穷，其中以"信义兄弟"和"良心秤姐弟"最为感人。

1989 年，来自湖北黄陂的孙东林同哥哥孙水林组建起一支建筑队伍，开始在北京、河南等地承包建筑工程。20 多年来，孙东林守信如金，不论是对承包的工程，还是对农民工兄弟，最看重的是一个诚信，最强调是一份责任。孙东林常说："我也是农民出身，农民工兄弟跟咱辛辛苦苦干了一年，还拖欠他们的工钱，怎么能说得过去呢？如果真的拖欠了明年谁还跟咱干呢？无论遇到多大困难，绝不能影响工程质量，绝不能拖欠农民工兄弟一分钱。”

2010 年 2 月 9 日，离除夕只有 3 天了。为了抢在春节前将农民工的工资发放到位，哥哥孙水林驾车带着妻子、3 个儿女和 26 万元现金从天津出发，准备赶回老家过年，同时给先期回汉的农民工们发放工钱。途中，由于路面结冰打滑，发生了重大车祸，20 多辆车连环追尾，孙水林一家五口不幸遇难。

为替哥哥完成遗愿，孙东林忍着巨大悲痛，带上事故车上的 26 万元钱，驱车 15 小时返乡替哥哥发放农民工工钱，钱不够发，孙东林自己又拿出 6.6 万元，70 多岁的老母亲把自己的养老钱 1 万多元也拿了出来。由于孙水林已经遇难，农民工的工资清单已不知去向，孙东林就根据农民工凭良心报出的钱数如数给付，终于赶在除夕前将 33.6 万元工钱足额发到 60 余名农民工手中。

孙水林、孙东林兄弟守诺如金，20 年如一日，勤俭自强、勤劳致富，无论是作为最初的打工者，还是后来成为带领群众致富的经营管理者，他们都始终将诚实守信作为自己的人生准则，以生死接力的壮举，恪守和践行了他们对农民工“新年不欠旧年薪，今生不欠来生债”的约定和承诺。孙水林、孙东林兄弟的事迹感天动地，被人们誉为“信义兄弟”。2011 年初，孙水林、孙东林兄弟被评选为中央电视台 2010 年度感动中国十大人物。“感动中国”推选委员会如此评价“信义兄弟”：

> 言忠信，行笃敬，古老相传的信条，演绎出现代传奇。他们为尊严承诺，为良心奔波，大地上一场悲情接力。雪夜里的好兄弟，只剩下孤独一个。雪落无声，但情义打在地上铿锵有力。

2011 年 9 月，在第三届全国道德模范评选中，“信义兄弟”荣获全国诚实守信模范称号。

无独有偶，同样是在湖北武汉，“良心秤姐弟”的事迹也是家喻户晓。

在武汉新洲区邾城街的一条小巷里，有一户江姓人家，祖祖辈辈五代人做了 200 多年手工秤。200 多年来，江家做秤秉承着“称物如称良心”的信念，不为利益诱惑所动，不赚昧心钱，没做一杆缺斤少两的“短秤”，他们出产的秤被当地人称为“良心秤”。世世代代 200 多年的坚守，为江家赢得了信誉。卖方只要说句“这是江家的秤”，买的人都会对重量放心。在电子秤还没普及的年代，江家的手工秤成为周边地区小商贩的必备品。

1988 年，江玉珍、江远斌姐弟接手继续开厂做秤。作为江家秤的第五代传人，姐弟俩数十年如一日，从挑木材、刨木、制胚，到初步打磨、包铜管、定刀口、定星位、打磨……一杆秤在江家姐弟手上要经过 10 多道工序，反复校准五六个小时才能制作完成，一天忙下来最多只能做 2 杆秤。但在江家姐弟看来，工序虽难，更难的却是守住自己的良心。

这些年，不断有商贩找到江家姐弟，要他们做“短秤”。所谓“短秤”，就是在秤的刀口上做手脚，若刀口距离偏差 2 毫米，100 斤的重量就会相差七八斤。一次，有一位鱼贩揣着一叠钱，找到姐弟俩，希望帮他做一杆“短秤”。面对这笔可观的收入，他们丝毫没有动心，一口拒绝了。还有一次，一位收生猪的商人找到他们，也希望做“短秤”，在被他们严词拒绝后，这位商人恼羞成怒，骂江家姐弟“板死了”“苕掉了”。

姐弟俩说得最多的话就是：“老一辈传我们手艺的时候就讲，千万不能昧良心。昧了良心，落不到好。做事老老实实，堂堂正正，心里才会踏实。”

随着社会的发展，电子秤越来越普及，杆秤面临着退出历史舞台的危机，江家姐弟做的秤销量越来越小，做秤手艺也越来越难觅继承人。尽管如此，江玉珍和江远斌还是教育后代，做人就像做秤一样，要守规矩，讲信誉，对得起自己的良心。

2015 年 10 月，江玉珍、江远斌姐弟从北京捧回全国道德模范奖。在颁奖盛典上，两位老人相互搀扶着亮相。评委会给出的颁奖词是：

> 他们是江家秤第五代传人，信守祖辈 200 多年做秤“准确公道、分毫不差”的祖训，不为利益所动，不赚昧心钱，诚信做秤，美名传扬。

“信义兄弟”“良心秤姐弟”用义举告诉我们，什么是诚信，什么是责任，什么是良知，什么是值得我们坚守和崇尚的品德。

“信义兄弟”“良心秤姐弟”是楚文化诚信品质的忠实传承者，是当今时代荆楚儿女诚实守信的优秀代表。他们守诚尚信的优秀品格、知荣明理的高尚情操、奉献社会的责任自觉和与人为善的大爱情怀，感人至深，催人奋进！

诚信美德在思想上有大智，在科学上有大真，在伦理上有大善，在经济上有大得，在文化上有大美。加强诚信道德建设，无疑是新时代促进我国社会主义精神文明建设的重要举措。

2014 年 2 月 24 日，习近平总书记在中共中央政治局第十三次集体学习时的讲话中说：

> 深入挖掘和阐发中华优秀传统文化讲仁爱、重民本、守诚信、崇正义、尚和合、求大同的时代价值，使中华优秀传统文

化成为涵养社会主义核心价值观的重要源泉。[1]

2014年5月4日，习近平总书记在北京大学师生座谈会上的讲话中又说：

> 强调“言必信，行必果”、“人而无信，不知其可也”……像这样的思想和理念，不论过去还是现在，都有其鲜明的民族特色，都有其永不褪色的时代价值。[2]

诚信作为中国特色社会主义先进文化的重要思想资源，日益成为中华民族精神家园的重要支撑，成为新时代鼓舞人民奋勇前进的强大精神力量。

惟楚有才，于斯为盛；惟楚有信，于今犹存。从古代的“一诺千金”，到今天的“信义兄弟”，诚信守诺的精神一直在荆楚大地传扬，为社会主义核心价值观的形成和践行，做出了“荆楚贡献”。

---

① 习近平：《把培育和弘扬社会主义核心价值观作为凝魂聚气强基固本的基础工程》，中国共产党新闻网，http://cpc.people.com.cn/n/2014/0225/c64094-24463023.html.

② 习近平：《青年要自觉践行社会主义核心价值观——在北京大学师生座谈会上的讲话》，《中国青年报》2014年5月5日第1版。

后　记

近年来，随着楚文化研究的方兴未艾，不少楚文化爱好者在同我交流时，迫切希望我们这些从事楚文化研究的人，能够提炼出楚文化中蕴含的某些精神，这些精神既是楚文化的内生动力，又是此后湖北文化或曰荆楚文化发展的源头活水。而我向来以为，提炼某种文化、城市或地区的精神，是一件事倍功半甚或劳而无功的事，因为如果这种提炼过于具象，就会陷于琐碎庞杂让人不得要领的窠臼；如果过于抽象，又难免重蹈千人一面的同质化覆辙，故一直不敢率尔操觚。一直到6年前，国家图书馆的“国图大讲坛”邀请我做一场“楚文化精神与湖北人性格特征”的讲座时，这个问题已令我无可回避了。经过一番思考，我尝试用一种古今结合的方式来提炼和表达楚文化“精神”，即先用楚人自己的话语揭示楚文化“精神”的内涵，表明这些“精神”源于楚文化自身，而非今人强贴的标签；再用当下流行的语汇对这些“精神”进行解读，使之具有时代气息，也更易于为大众所理解。于是，便有了我对楚文化“精神”的六点概括，即筚路蓝缕的进取精神、大象无形的开放气度、一鸣惊人的创新意识、上善若水的和谐理念、九死未悔的爱国情怀和一诺千金的诚信品格。每一种“精神”前面的四字短语都分别出自楚国政治家、思想家、文学家之口，后面 5 个字是我对前面 4 个字的解读。让人始料未及的是，我的这场讲座竟然得到了广大听众的肯定和鼓励。尽管如此，我仍然对自己的提炼能否称为精神心存疑虑，所以，当国家图书馆将讲座视频挂在网上并推荐入选“学习强国”教材时，我建议他们删除了“精神”二字，而且在此后的国内外讲座中，我用“楚文化的正能量”取代了“楚文化精神”的表述。

至于把上述讲座的内容写成一本书出版，则缘于前年冬我在湖北省出版系统业务骨干培训班上的一次讲座。记得我关于“楚文化的正能量”的讲座刚一结束，华中师范大学出版社学术出版中心主任冯会平女士便快步走上讲台，在热情勉励我的同时，期待我能把讲座的内容扩充成一本书，由华师社出版。考虑到冯女士的一片诚意，加之我又是华中师范大学的特聘教授，能玉成其事当然两全其美，便欣然应允。但问题也接踵而至，因出书与讲座不同，讲座用“正能量”这个词容易被听众理解和接收，而出书用这个词则未免过于直白且有较强的网络语色彩。几经斟酌，决定用现在这个书名——《楚脉千秋》。因为楚脉既是楚民族思想、意识、信念的凝练表达，又是楚文化精神的象征，还意味着这种思想信念或精神久久贯注律动于荆山楚水乃至神州大地，而这恰好是本书的旨趣所在。如此看来，也算是差强人意地回应了广大楚文化爱好者的期许。

为使拙著早日面世，我邀请了刘保昌、张硕、刘晓慧、黄莹 4 位中青年才俊共襄其举。具体写作方式是：由我提供讲座录音整理稿并拟定全书纲目和编写体例，同时提出写作要点和撰写导言，4 位同仁分头执笔，最后由我统一增删调整，悉心修订。全体作者满怀对楚文化和中华优秀传统文化的敬畏之心和欣羡之情，探幽索隐，晨昏推敲，殚精竭虑，终成此书。值此付梓之际，谨向参与本书撰稿的诸位同仁表示衷心的感谢！向为此书出版付出辛勤劳动的张硕教授、冯会平主任、张怀东责编和华中师范大学出版社的领导及有关同仁表示崇高的敬意！

限于学识和时间，书中错讹在所难免，敬请广大读者批评指正。

刘玉堂　谨识

2020年4月8日